LAMENTABILUL DECENIU

Radu Portocală s-a născut în 1951, la Bucureşti, într-o familie cu vechi tradiţii liberale.

Exilat în Grecia în 1977, a trăit la Atena pînă în 1982, cînd s-a instalat la Paris.

A obţinut un master de relaţii internaţionale şi o licenţă de limba şi literatura română.

A lucrat pentru *RFI* (1986-1988), *Vocea Americii* (1988-1989), *Radio Solidarnosc* (1988-1989), *BBC* (1997-2004), *Le Point* (1986-1992), *Lupta* (1989-1998). Colaborări cu presa europeană şi românească (*România liberă, Cotidianul, Curierul românesc, Căminul românesc, L'Express, Le Quotidien de Paris, Libération, Enjeux du Monde, Dynasteurs, La Libre Belgique, Soviet Analyst*).

Numeroase emisiuni de radio şi televiziune (*France Culture, France Inter, France Info, Radio Suisse Romande, Radio Bruxelles, Radio Free Europe, Antenne 2, La 5, TV 5, France 24*).

Cărţi publicate:

Autopsie du coup d'État roumain, Paris, Ed. Calmann-Lévy, 1990
L'Exécution des Ceausescu, Paris, Ed. Larousse, 2009
Semn în pustiire (poezie), Bucureşti, Ed. Vinea, 2013
Istorii de familie, Brăila, Ed. Istros, 2015
Istoria întortocheată a Jaguarului albastru, Bucureşti, Ed. Vremea, 2015

Radu Portocală

Lamentabilul deceniu

NON GRATA

*Tuturor celor pe care această carte
i-a enervat sau îi va enerva.
Tuturor celor care, pînă acum,
s-au opus ca ea să aibă o existenţă normală.*

În loc de prolog

Această carte a avut un destin ciudat. Timp de cîteva zile, a trăit fără să trăiască, apoi a murit fără să moară, iar mie nu mi-e fost dat nici pînă acum să aflu ce s-a întîmplat şi nici din vina cui.

Orice om care scrie ajunge într-o zi (bună sau rea) să simtă nevoia de a aduna textele pe care le-a răspîndit ici şi colo între coperţile unei cărţi. E nu numai un mod de a-şi rîndui astfel producţia, ci şi o încercare – iluzorie, desigur – de a înşela timpul.

De-a lungul „deceniului Băsescu", am scris o serie de texte – şi sînt gata să recunosc că nu am acordat locatarului din dealul Cotrocenilor nici o simpatie, nici o indulgenţă. Ca spectator angajat – pentru a folosi expresia lui Raymond Aron – nu aveam vreun motiv să gîndesc şi să scriu altfel sau altceva. În aceeaşi perioadă şi în aceeaşi stare de spirit, am scris şi despre grupul aşa-zişilor intelectuali prezidenţiali.

În decembrie 2014, cînd se termina mandatul lui Traian Băsescu, am pus cap la cap aceste texte, aşezînd înaintea lor cîteva rînduri în care spuneam eventualului cititor că ele constituie nu atît o cronică a preşedinţiei lui, ci mai degrabă consemnarea furiilor şi dezgusturilor mele din acei zece ani.

Multă vreme, căutarea unui editor n-a dus la nimic. Nu eram refuzat, dar – mult mai subtil şi totodată mai laş – nu mi se răspundea. Cunosc bine procedeul. N-a fost inventat în România, dar i s-au descoperit repede avantajele şi, imediat după redobîndirea unei libertăţi de exprimare de care nu oricine trebuia să se bucure, s-a procedat la importarea lui.

Abia în septembrie 2015, adresîndu-mă Editurii Cartier de la Chişinău, am primit un răspuns a cărui promptitudine m-a uimit. După cum m-a uimit, apoi, rapiditatea cu care a fost tipărit volumul. Totul părea să fie făcut pentru ca el să poată fi prezentat la Tîrgul de carte Gaudeamus. Dar n-a fost să fie aşa.

Pe 18 noiembrie, la nici o oră după ce Tîrgul şi-a deschis porţile, un redactor de la TVR, ştiind de apariţia cărţii, s-a dus s-o cumpere la standul Editurii Cartier. Nevăzînd-o nicăieri, a cerut un exemplar. După o mică ezitare, i s-a înmînat unul extras de sub tejghea. În aceeaşi zi, un alt cumpărător, după ce şi-a primit cartea scoasă tot de la ascunzătoare, a întrebat cînd va putea fi găsită în librării. I s-a răspuns că asta nu se va întîmpla niciodată. Lucrurile deveneau interesante.

A doua zi, situaţia a rămas neschimbată. Cartea mea intrase de-a binelea în clandestinitate. A treia zi, la fel. Dar, totuşi, au apărut unele precizări. Cînd o cumpărătoare a întrebat de ce cartea e ascunsă, i s-a răspuns că e o decizie a editurii. Puţin mai tîrziu, la o întrebare similară, un domn aflat acolo şi-a arătat furia faţă de mine: „Cum îşi permite să se lege de cei mai mari intelectuali ai ţării?" Şi a adăugat: „Publicarea acestei cărţi a fost o greşeală." Nimic nu putea fi mai semnificativ.

Pînă la sfîrşitul Tîrgului, cartea mea a rămas tot sub obroc, căci, fără îndoială, acolo trebuia să moară înainte să se fi născut cu adevărat. Nu-mi rămînea decît să-mi pun întrebări neplăcute. Cărora încă nu l-am găsit răspunsul.

Ce s-a întîmplat după aceea e la fel de ciudat şi de inexplicabil. În seara zilei de 23 noiembrie, imediat după închiderea Tîrgului Gaudeamus, am fost invitat de Antena 3 pentru a povesti cele întîmplate. A doua zi, am fost căutat de „Jurnalul Naţional" care îmi propunea să asigure cărţii mele o foarte largă difuzare. După ce au fost schimbate cîteva mesaje şi după ce am spus că nu am posibilitatea să tipăresc exemplarele pe contul meu, legătura s-a rupt.

Am rămas, din nou, împovărat de întrebări – şi mai multe, şi mai complicate.

Singura concluzie la care pot ajunge, oricît de stingheritoare ar fi, e că această carte *nu trebuie* să apară. Dar de ce? Oare incriminarea – interdicţia – priveşte textele cuprinse între coperţile ei sau pe autorul lor? O succesiune de evenimente din trecutul mai mult sau mai puţin îndepărtat mă fac să optez pentru a doua explicaţie, mult mai neplăcută decît prima.

Dar, dacă e aşa, ce crimă voi fi comis? Situaţie kafkiană, în care inculpatul suportă rigorile unei justiţii obscure fără să afle vreodată care îi e vina.

În săptămînile care au trecut după Gaudeamus, m-a uimit (parcă un alt cuvînt s-ar fi potrivit mai bine) prudenta dispariţie a celor care ar fi putut (sau ar fi trebuit?) să-mi trimită un mesaj de sprijin, fie din solidaritate de breaslă, fie, pur şi simplu, pentru că şi-au făcut o meserie din apărarea dreptului la libera exprimare. Excepţiile au fost mai puţin numeroase decît degetele unei mîini. În viaţa fiecăruia dintre noi se iveşte un moment cînd aşteptarea semnelor care nu vin e o povară insuportabilă.

În România de azi, liberă şi democratică, această carte se chinuie să apară de 17 luni. E un semn. Sumbru...

Inventar prezidenţial

Un glas năclăit în meandrele vulgarităţii.
Un umor mîrlănesc la sfîrşit de zaiafet.
Un agramat pe care decăzuţii din har l-au aşezat în panteonul lor de mucava.
Un bădăran poleit cu vopsea de bronz.
Un adept neabătut al nimicului.
Un geambaş care vinde cai muribunzi în iarmarocul orbilor.
Un expert al imposturilor mediocre.
Un maniac al distrugerii travestit în salvator.
Un împătimit al sfîrşiturilor fără început.
Un tiran neîmplinit pe care îl bîntuie optimisme îngrijorătoare.

Paradoxul Băsescu

Nimic, înainte de anul 2000, nu prefigura pentru Traian Băsescu un destin naţional. Mic nomenclaturist spre sfîrşitul regimului Ceauşescu, ministru al Transporturilor după 1990, el părea să fie un specialist al rolurilor secundare. Considerat a fi groparul guvernului Ciorbea şi, apoi, al Convenţiei Democrate, detestat pentru asta de toată suflarea românească de dreapta, adevărata lui ascensiune n-a început decît în momentul în care a fost ales primar al capitalei. Puciul prin care s-a instalat în fruntea partidului lui Petre Roman i-a consolidat poziţia.

Ciudatul abandon al lui Theodor Stolojan, în 2004, l-a transformat în candidat la preşedinţie, Băsescu devenind atunci, pe cît de brusc pe atît de inexplicabil, un soi de idol al celor care, cu patru ani în urmă, l-ar fi pus la stîlpul infamiei. „E de-al nostru" spuneau ei în culmea euforiei, refuzînd să-i privească trecutul. Voturile liberale l-au instalat la Cotroceni.

Pînă atunci, Traian Băsescu reuşise numai în măsura în care fusese purtat de alţii spre succes. Un talent care merită să fie subliniat.

Ajuns preşedinte, Băsescu a devenit în foarte scurt timp o adevărată obsesie naţională: jumătate din opinia publică îl adoră, cealaltă jumătate îl detestă. Toate calculele politice sînt făcue în funcţie de el, toate dezbaterile pornesc de la el şi ajung la el.

Băsescu, însă, nu face politică de unul singur. În spatele lui se află o întreagă structură care depăşeşte limitele PDL*, dar nimeni din interiorul acestei structuri nu stîrneşte cu adevărat vreo pasiune. Unii dintre oamenii lui Băsescu sînt simpatizaţi, alţii antipatizaţi sau dispreţuiţi. Niciunul nu este adulat sau urît cum e preşedintele.

Această disociere dintre un om şi aparatul politic care îl sprijină e o noutate în România ultimilor 20 de ani. Fanatismul pe care Traian Băsescu îl stîrneşte de unul singur e cu atît mai inexplicabil cu cît actualul şef al statului nu e nici un ideolog, nici un orator, opţiunea lui politică nu e tocmai limpede, iar rezultatele pe care le-a obţinut sînt mai degrabă neînsemnate.

Cînd mediocritatea ajunge să producă exaltare e cazul să ne punem întrebări despre starea societăţii şi să ne gîndim cu îngrijorare, pornind de la experienţele secolului XX, la pericolele pe care le poate genera această conjuncţie explozivă.

---

* Articolul a fost scris pe 10 martie 2010, adică într-un moment cînd PDL era încă partidul prezidenţial prin excelenţă.

Îndoielnica lustraţie

Acum 20 de ani, cînd a fost inclusă în Proclamaţia de la Timişoara, ideea lustraţiei apărea ca o stringentă necesitate morală. Foarte repede, însă, ea s-a dovedit a fi utopică, într-atît arhivele, păzite cu străşnicie, menţineau trecutul în negurile misterului.

Foşti activişti de partid, foşti securişti, foşti spioni (consideraţi în mod aberant drept „securişti buni”), foşti turnători, foşti specialişti ai incantaţiei – pe scurt, o întreagă liotă de „lustrabili” a ocupat spaţiul public şi s-a înstăpînit peste viaţa politică a României. Biografiile lor erau fie măsluite, fie, pur şi simplu, golite de orice informaţie. Viaţa multor personalităţi publice începea în mod curios abia în 1990, perioada dinainte fiind o *terra incognita* pe care nimeni nu avea posibilitatea s-o exploreze.

Preşedintele ţării este el însuşi o tristă ilustrare a acestor adevăruri.

România s-a afundat astfel în mocirlă. Primele legislaturi au văzut înghesuindu-se pe băncile Parlamentului, unii lîngă alţii, securişti şi victime ale Securităţii. Nemernicii de ieri s-au apucat să dea lecţii de morală. Spionii au fost trimişi să strîngă mîna celor pe care îi spionaseră. Activiştii au reuşit să se travestească în disidenţi şi şi-au devărsat tolba de minciuni peste istoria recentă a României.

Lucrurile au mers atît de departe încît, cînd au fost făcute primele dezvăluiri, cînd au fost puse sub ochii publicului primele biografii scandaloase, reacţia a fost pe măsura confuziei în care ne bălăceam: o clipă de indignare, apoi înţelegerea, iertarea şi uitarea. În cele din urmă, o nouă respectabilitate a fost acordată celor cărora ar fi trebuit măcar să le fie întors spatele. România e mărinimoasă cu gunoaiele ei.

După 20 de ani de imoralitate ridicată la rangul de sistem socio-politic, pare-se că va fi votată o lege edulcorată a lustraţiei. Fireşte, vestea stîrneşte entuziasmul, cînd, de fapt, n-ar trebui să provoace decît o întrebare: la ce bun după atîta vreme? Răul e făcut. Răul a cuprins societatea, care, chiar dacă mai discerne, nu mai reacţionează. Orice revelaţie o lasă indiferentă pentru că s-a obişnuit cu lipsa de consecinţe a revelaţiilor. Lustraţia – dacă va avea loc! – se va petrece în indiferenţa generală.

Şi, la urma urmei, cine vor fi lustraţii? Cîţi dintre „foşti" vor avea de pătimit de pe urma acestei măsuri provizorii şi cîţi vor trece printre ochiurile largi ale plasei?

Cu ce va îmbunătăţi lustraţia peisajul moral al României de azi? Răspunsurile la toate aceste întrebări pot fi întrezărite de pe-acum şi ele nu sînt îmbucurătoare. S-a aşteptat prea mult pentru curăţirea vieţii publice, iar rezultatul va fi unul în *trompe l'oeil,* cum s-a întîmplat cu atîtea alte iniţiative care n-au produs nimic altceva decît efecte teoretice.

Salvatorul

Din 1990 încoace, românii îşi caută cu înfrigurare salvatorul. Şi, periodic, dintr-o clasă politică mai mult decît imperfectă, se iveşte cel care, pentru motive ce ţin de orice doar de logică nu, este luat drept omul providenţial al momentului. În acest sens, cazul d-lui Băsescu e cît se poate de elocvent: cei care, între 1996 şi 2000, l-au acoperit cu injurii pentru că vedeau în el – pe bună dreptate, de altfel – groparul guvernării CDR, l-au proclamat în 2004, fără nici un argument valabil, mîntuitor al neamului. Extrema rapiditate cu care s-a produs această răsturnare nu dovedeşte decît extrema fragilitate a gîndirii politice a electoratului românesc. O schimbare atît de vertiginoasă de opinie nu s-ar fi putut petrece în nici o altă ţară – dar, cum spunea Cioran, *„în România totul e posibil şi nimic nu are consecinţe”*.

Opţiunile electorale româneşti se formează pornind de la două premise, ambele la fel de păguboase:

votul de excludere (pentru X împotriva lui Y) şi votul fanatic. Acest ultim caz constituie cel mai grav paradox al politicii româneşti de după 1990. În mod normal, alegerea unui om politic este rezultatul unui calcul pe care şi-l face alegătorul. În România, calculul e înlocuit de un elan afectiv de grup. „Te iubim, te iubim!" se scanda în toate pieţele la începutul anilor '90. Şi aşa a rămas pînă astăzi: omul politic român nu este evaluat, ci iubit sau detestat. Astfel, viaţa politică românească rămîne blocată în delirul colectiv al cenaclurilor „Flacăra", orice manipulare devine posibilă, iar raţionalul e înlocuit de fanatism.

Aşteptarea salvatorului este expresia acestui fanatism. Salvatorul − personaj altminteri imposibil întratît de strălucitoare e aura de perfecţiune care i se aşează deasupra capului − devine instantaneu un părinte bun al naţiunii, un „tătuc", aidoma, măcar în principiu, celor de care am încercat să scăpăm în 1989. Expresia mîrlănească „şefu-i şef şi-n şanţ", prin care o parte a societăţii româneşti şi-a demonstrat limitele rezistenţei la comunism, a rămas în vigoare. Admiraţia pe care mult prea mulţi au arătat-o preşedintelui pentru că şi-a condus singur maşina după copioase libaţiuni este de aceeaşi natură şi, în mod inevitabil, îl şochează pe cel care s-a deprins cu un mod de gîndire civilizat. Practicînd acest exerciţiu, preşedintele Băsescu a arătat că se consideră deasupra legii, iar opinia publică a luat această sfidare explicită drept o dovadă de bărbaţie. Ceea ce, fireşte, e mult

mai grav decît s-ar putea crede pe malurile Dîm-
boviţei.

Care e, în fond, menirea salvatorului? El trebuie
să-şi apere fidelii, adică puţin mai mult de jumătate
din populaţia ţării, contra celeilalte jumătăţi, formată
din netrebnici. Aceştia din urmă îşi au şi ei salvatorul
lor, pe care însă n-au reuşit să-l propulseze spre culmile
puterii. Închisă în acest sistem ca într-o cuşcă prea
strîmtă, România se află permanent în pragul sfîşierii
din pricina şefilor, care, neavînd mare lucru de propus,
se lasă adoraţi. Astfel, o mînă de politicieni pot fi consi-
deraţi responsabili de lenta dizolvare a societăţii ro-
mâneşti. Dl Băsescu se dedă cu jubilaţie şi eficacitate
acestei periculoase tehnici de guvernare.

România de azi, însă, nu are nevoie de idoli care
s-o dezbine pentru a se menţine la putere. România
de azi nu are nevoie să fie salvată nici de dl Băsescu,
nici de alţii, pentru banalul motiv că n-o ameninţă ni-
meni. Singurul pericol care planează asupra ei e acela
al instabilităţii generatoare de blocaje. România are
nevoie doar de o echipă de gestionari capabili, care să
fie lăsaţi să-şi facă treaba şi care să înţeleagă că meni-
rea lor e să servească naţiunea, nu s-o salveze. Ceea
ce, în fond, e mult mai normal.

Dacă nu el, cine?…

…Această nenorocită întrebare, formulată cu o voce în care tremură lacrimile resemnării angoasate, s-a instalat de 15 ani în centrul aşa-ziselor dezbateri politice româneşti. Şi face ravagii. Pentru că ea nu înseamnă decît abandonarea acceptată a încercării de a găsi alte soluţii, pentru că, în cele din urmă, ea subînţelege situaţia cea mai nedemocratică în care se poate găsi o ţară: aceea de a nu avea niciodată alternative.

Oare despre Ceauşescu nu se spunea, indirect, acelaşi lucru? „El e singurul care ne poate apăra de ruşi, chiar dacă preţul pe care îl plătim e foarte ridicat." Dacă nu el, cine altul ar fi putut să asigure ţării această protecţie – cu toate că se ştia cît de iluzorie era ea?! Între altele, Traian Băsescu tot de ruşi ne apără azi, cu vigilenţă şi îndîrjire. Nu ni s-a explicat încă nici care-i sînt armele, nici ce strategie foloseşte – pasămite capacitatea noastră de înţelegere nu e destul de dezvoltată –, dar e *musai* să credem că aşa stau lucrurile.

Dincolo de această paralelă, întîmplătoare sau nu, sensul întrebării fatidice e grav pentru că dezvăluie lipsa de substanţă a lumii politice româneşti. După 1990, între scandaluri şi rupturi, partidele s-au dezvoltat haotic, fără coerenţă, fără programe şi, în special, fără oameni. Sau, mai bine spus, nu cu *acei oameni* de care ar fi avut neapărată nevoie. În România există, fără îndoială, mai ales în foarte tînăra generaţie, destule talente politice potenţiale, dar partidele, prea des transformate în reţele de intrigi şi centre de afaceri, au jucat de la început un rol repulsiv. Mai mult: conducerile partidelor n-au ştiut sau n-au vrut să definească o veritabilă politică de cadre, n-au ştiut sau n-au vrut să atragă figuri noi pe scena publică a ţării. Astfel, partidele au rămas doar nişte construcţii imobile, închistate în ele însele, iar masei electorale i s-a restrîns în mod dramatic posibilitatea vitală de a face reale alegeri.

Soluţia, deci, nu este aceea – extremă – de a limita prin lege numărul mandatelor, ci de a împrospăta mereu corpul politic al ţării, oferindu-se alegătorilor facultatea de a opera o selecţie naturală. Numai în acest fel ar putea fi lăsată în urmă întrebarea „dacă nu el, cine?", pe care o însoţeşte, inevitabil, constatarea fatalistă „altul mai bun nu avem". Şi numai în acest fel ar izbuti electoratul român să scape din cuşca în care, de 17 ani, se învîrte-n cercul vicios al opţiunii „între două rele". Dacă în lumea noastră politică varietatea specimenelor ar fi fost mai mare, dl Băsescu n-ar fi devenit niciodată preşedinte, iar azi adepţii săi n-ar mai putea să şantajeze o ţară întreagă cu încercarea de a-i demonstra unicitatea binefăcătoare. Asurzit de vocile care, împrejurul lui, scandează obsesional acest neadevăr, dl Băsescu a sfîrşit prin a se lua drept Mesia. Confuzie jenantă, fireşte, dacă-i cercetăm bilanţul. Dar din care, la vremea cuvenită, se va ieşi abil cu ajutorul altui slogan tocit: „A incercat, ar fi putut să reuşească, dar nu l-au lăsat."

Aşadar, cine altul? Într-o primă etapă, oricine şi-ar arăta capacitatea de a scoate ţara din criza profundă în care a fost aruncată sub pretextul unei cruciade avortate. Apoi, fără întîrziere, va trebui să se pretindă partidelor să-şi deschidă porţile şi să-şi revizuiască – în sensul unei mai mari exigenţe – criteriile de selecţie. Pentru că politica românească are nevoie de „alţii". Nu doar mai mulţi, ci şi mai buni.

Scrisoare deschisă domnului Traian Băsescu, preşedintele României

Domnule Preşedinte,

Timp de 45 de ani, memoria românilor a fost ferecată sub pecetea fricii. Nimeni nu avea dreptul să-şi amintească, pentru că – prin ea însăşi – amintirea ar fi fost un început de acuzaţie. Şi totuşi, memoria a supravieţuit. Prin şoapte înfricoşate, prin crîmpeie ascunse în ungherele conştiinţelor, prin mărturii încredinţate hîrtiei, ea a ajuns pînă la noi. Dar, din 1990 încoace, această supravieţuire n-a făcut decît să-i stînjenească pe cei care v-au precedat. Unii dintre ei – şi nu cei mai neînsemnaţi – au spus-o răspicat, cerîndu-ne să uităm trecutul, insultîndu-ne pentru insistenţa cu care ne aminteam, explicîndu-ne că numai viitorul trebuie să ne intereseze.

Dar ce viitor poate fi acela, Domnule Preşedinte, care nu ţine seama de trecut? Ce viitor putem construi pe temeliile din care urcă valuri de sînge şi în care vibrează încă ecoul suferinţelor?

Regimul comunist a fost un regim de ură, iar din această ură s-a născut nedreptatea care ne-a lovit pe toţi. Regimul comunist a fost un regim al crimei, iar faptul că, pînă azi, n-am avut voie să aflăm decît prea puţin, nu a însemnat altceva decît o continuare a crimei. Cîţi oameni au murit în sălile de anchetă ale Securităţii şi Miliţiei? Cîţi au fost omorîţi cu bună ştiinţă de torţionarii zeloşi ai revoluţiei socialiste? Cîţi au murit în închisori, lagăre de muncă forţată, centre de reeducare, spitale psihiatrice? Nu ştim. Cîţi oameni au fost deţinuţi, fără nici un motiv sau pe motive strîmbe, în vastul univers concentraţionar al României roşii? Nu ştim. Cîţi oameni au fost hărţuiţi ani de-a rîndul şi distruşi în cele din urmă prin urmăriri terorizante şi anchete inutil repetate? Nu ştim. Cîţi oameni şi-au văzut vieţile zdrobite de către serviciile de cadre – anexe ale Securităţii – sau birourile organizaţiilor de bază? Nu ştim. Cine a denunţat pe cine? Nu ştim.

Nu ştim nimic din toate acestea pentru că nimeni, după 1990, nu a vrut să ne lase să aflăm. Iar monstruoasa neştiinţă în care ne găsim – vrută pentru a ascunde vina unora – este ruşinea şi păcatul pe care ne chinuim să clădim viitorul! Putem fi siguri că, atîta vreme cît nu vom aşeza memoria la baza a ceea ce căutăm să înălţăm, atîta vreme cît nu ne vom face nouă înşine dreptate, totul se va nărui fără încetare.

După 15 ani de aşteptări şi speranţe zadarnice, aţi dat de înţeles românilor că vremea justiţiei a venit. Nu ne mai putem mulţumi cu fragmente de confesiuni sau cu arhive zgîrcit întredeschise! Nu ne mai putem ascunde neputinţa în faţa tainelor sufocante şi a crimelor nepedepsite, agăţîndu-ne de dogma creştină a iertării! România are nevoie să i se spună tot adevărul despre dictatura comunistă care i-a fost impusă, pentru ca, pornind de la acest adevăr, să poată face procesul durerosului ei trecut. România are acest drept şi este de datoria Dumneavoastră să i-l acordaţi.

În numele celor care au fost omorîţi sau lăsaţi să moară, în numele familiilor abandonate nedreptăţii, în numele torturaţilor, în numele excluşilor, în numele uitaţilor, în numele celor pe care crima împotriva spiritului i-a mutilat pe veci, în numele justiţiei pe care aţi invocat-o, vă cer, Domnule Preşedinte, să constituiţi o Comisie internaţională pentru studierea crimelor regimului comunist (1945-1989). Compusă din personalităţi competente, cu un parcurs politic ireproşabil, sprijinită de organisme ale societăţii civile, Comisia va trebui să aibă acces la toate arhivele care conţin urme ale fărădelegilor comise în perioada studiată: arhivele Partidului comunist, ale Securităţii, ale Miliţiei, ale Ministerului Afacerilor Interne, ale Ministerului Justiţiei, ale Ministerului de Externe, ale serviciilor de spionaj. Dezvăluirea mizerabilelor secrete ale regimului comunist nu va pune cu nimic în pericol siguranţa naţională. În schimb, acesta ar fi singurul mod posibil de a corobora informaţii despre cei care au dat ordinele, despre cei care le-au executat şi despre victimele lor; numai aşa se va putea obţine o imagine completă a terorii şi a crimelor săvîrşite; şi numai pe această bază se vor putea pronunţa rechizitoriile, pledoariile şi verdictele.

Un popor a cărui memorie e lăsată să-şi piardă substanţa riscă să descopere că destinul i-a devenit agonie. Un popor care ajunge să înţeleagă că nu mai are nimic de aşteptat de la justiţie e condamnat să supravieţuiască în neîncredere şi disperare. Nu aşa trebuie să arate viitorul României!

„Ziua", 3 aprilie 2005

Periculoasa tăcere a arhivelor

Trecutul nostru – suferinţele unora şi mîrşăvia altora – se măsoară în kilometri de arhivă. Trecutul nostru – curajul unora şi laşitatea altora – se măsoară în treimi de arhivă. Încîlcitul nostru trecut, ferecat în rafturi de arhivă, obligat să doarmă între coperţi de dosare, în taina cărora victimele aşteaptă de-a valma cu criminalii să fie scoase la lumină.

Azi, prin subita generozitate a d-lui Timofte, ni se promit treimi şi kilometri de trecut, iar noi facem calcule şi ajungem la rezultate contradictorii, pentru că aritmetica d-lui Timofte nu e şi a noastră, pentru că, în socotelile lui, trei treimi fac aproximativ 80 % (sic!), restul fiind domeniul rezervat al instituţiei pe care o conduce. O instituţie care ne apără cu vitejie – Dumnezeu ştie de cine! – şi care, pe acest temei, îşi arogă dreptul de a ne ascunde o parte din vieţile noastre. O instituţie care prelungeşte trecutul în prezent, potrivit preceptelor democraţiei originale, şi care ştie despre noi mai mult decît ştim noi înşine.

Azi – ca şi ieri, de altfel – România nu e decît parţial condusă de cei care au fost aleşi în fruntea ei. Adevăraţii conducători ai României sînt deţinătorii memoriei. Aceia care, după 1990, au fărîmiţat Securitatea în 9 servicii secrete (lamentabilul nostru record!), şi-au împărţit arhivele şi le-au pus sub obroc. Paznicii dosarelor. Cerberii trecutului. „Cine controlează trecutul controlează prezentul" scria Orwell.

În ultimele două săptămîni, au fost publicate informaţii neconcordante şi s-au făcut comentarii divergente în legătură cu transferul arhivelor SRI către CNSAS. Pentru a rezuma, am putea spune că o cantitate de dosare a fost transferată, în condiţii deocamdată neclare, dintr-un depozit în altul. Nu ştim exact ce conţin aceste dosare, nici care le va fi soarta. Ceea ce ştim, în schimb, e că SRI nu posedă totalitatea arhivelor Securităţii şi că informaţiile aflate „în păstrarea" celorlalte servicii secrete rămîn inaccesibile. În plus, putem avea certitudinea că, de-a lungul anilor, SRI s-a dedat la o minuţioasă operaţiune de epurare şi că vom rămîne în situaţia de a nu afla decît ceea ce ne este *îngăduit* să aflăm. Îndelunga tăcere a arhivelor se va transforma, astfel, în bîiguială. Nimic mai mult.

De 15 ani, dreptul de a investiga trecutul naţional ne e restrîns – paradoxal! – în numele siguranţei naţionale. Ar fi bine, însă, ca limitele în timp ale acestui concept să fie în sfîrşit definite cu claritate. În

1989, România a cunoscut o ruptură – cel puţin aşa
ne place să credem – şi, de atunci, a apucat-o pe un
drum nou. Doar siguranţa naţională pare a se afla
într-o netulburată continuitate. De ce? Avem, oare, în
momentul de faţă, aceiaşi duşmani şi aceleaşi obiec-
tive ca înainte de 1989? Iată, de pildă, cazul unui fost
ofiţer DIE, membru al Parlamentului pînă în 2004,
care a organizat şi supravegheat operaţiuni violente
împotriva postului de radio „Europa Liberă". Diverse
detalii sînt cunoscute şi presa a scris despre ele.
Isprăvile lui, însă, nu pot fi dovedite pentru că dosarul
care le cuprinde nu a fost găsit în arhiva SRI, aflîndu-se
probabil în cea, de nepătruns, a SIE. Prin urmare,
personajul în cauză se bucură nu numai de impuni-
tate, ci şi de protecţia secretului. E, aşadar, legitim să
ne întrebăm: cum se face că astfel de acţiuni mai sînt
considerate şi astăzi ca fãcînd parte din domeniul si-
guranţei naţionale? Faptul că acest argument e folosit
încă spre a acoperi activităţile ostile pe care serviciile
secrete ale regimului comunist le-au desfãşurat împo-
triva opozanţilor români din străinătate şi împotriva
aliaţilor actuali ai României nu poate fi interpretat
decît într-un singur fel: definirea siguranţei naţionale
continuă să se facă după aceleaşi criterii ca înainte de
1989, acesta fiind probabil şi motivul pentru care auto-
rităţile de după 1990 nu au denunţat şi nu au condam-
nat delictele şi crimele comise de diversele
departamente ale Securităţii. În 2005, o astfel de ipo-
teză e cel puţin tulburătoare.

Fie-mi îngăduit un exemplu personal. La sfîrşitul lui ianuarie şi începutul lui februarie 1989, în faţa blocului în care locuiam la Paris, au fost postaţi, într-o maşină închiriată, doi indivizi care-mi supravegheau mişcările şi pe cele ale nevestei mele. M-am adresat ofiţerului de la Prefectura de Poliţie care se ocupa de problemele exilului românesc. Cînd a venit să constate realitatea plîngerii mele, el a recunoscut în ocupanţii maşinii pe doi funcţionari ai Ambasadei României, aflaţi sub acoperire diplomatică. Dacă mă refer la prevederile legii pentru deconspirarea Securităţii, e limpede că cei doi se dedau la o acţiune de poliţie politică. Dar, pe de altă parte, e la fel de limede că identitatea lor nu va putea fi cunoscută decît prin coroborarea arhivelor Ministerului Afacerilor Externe şi ale Serviciului de Informaţii Externe − ceea ce, sub pretextul siguranţei naţionale, este imposibil. Dar mă întreb: dezvăluirea numelor celor doi indivizi e oare cu adevărat o chestiune de siguranţă naţională? Ce importante secrete de stat ar fi astfel violate? Prin ce ar fi pusă în pericol securitatea României actuale? Dimpotrivă! Tineri în 1989, cei doi mai sînt poate membri ai corpului diplomatic românesc, iar MAE nu ar avea decît de cîştigat descotorosindu-se de ei şi de alţii de aceeaşi teapă.

Din astfel de detalii, puse cap la cap, înţelegem cît de periculoasă e tăcerea arhivelor. Şi ne cuprinde un apăsător sentiment de nesiguranţă la gîndul că memoria se află între mîinile unor oameni pe care nu-i cunoaştem şi despre ale căror intenţii nu ştim nimic. Oameni care stăpînesc adevăruri tăinuite altora, oameni care pot schimba trecutul. Excesiva, anormala lor putere provine din aceea că, în faţa unei clase politice care a transformat şantajul în argument şi în armă, ei pot şantaja aproape pe toată lumea. Tot ei, în funcţie de faptele pe care vor să le ascundă, stabilesc şi limitele siguranţei naţionale, adică limitele neştiinţei noastre. Înainte de 1989, prin brutalitatea metodelor ei, Securitatea devenise un stat în stat; azi, serviciile secrete descendente din Securitate, bizuindu-se pe milioanele de dosare moştenite de la aceasta, continuă să fie un stat în stat. Atîta vreme cît nu-şi vor pierde posibilitatea de a controla prezentul prin trecut, lucrurile nu se vor schimba cu adevărat în România. Dar clasa politică are nevoie de mult curaj pentru a le suprima această prerogativă.

Kilometrii de arhivă pe care dl Timofte a consimţit să-i predea CNSAS nu reprezintă decît crîmpeie ale istoriei noastre. Chiar dacă aceste dosare vor fi studiate şi descifrate de la primul pînă la ultimul, chiar dacă se va izbuti înlocuirea numelor de cod cu numele reale ale cohortelor de ticăloşi, nu vom obţine imaginea completă a adevărului. Pentru a ajunge la acest necesar rezultat, va fie nevoie ca multe alte arhive – toate arhivele! – să se deschidă, fără ca post-securiştii să mai poată spune că studierea lor e periculoasă pentru ţară. Şi, în special, va fi nevoie ca România de azi să afirme răspicat că siguranţa ei naţională nu mai are

nimic de-a face cu secretele murdare ale lui Gheor-
ghiu-Dej sau ale lui Ceauşescu. Abia atunci, în acel
improbabil viitor, politica n-ar mai depinde de ceea ce
ştiu unii despre alţii. Abia atunci ar începe
însănătoşirea morală a societăţii româneşti. Şi abia
atunci ne va fi îngăduit să spunem că am descoperit
începutul drumului către libertate.

Moţiune pentru bătut pasul pe loc

PSD a anunţat [16 august 2007] că va depune o moţiune de cenzură pentru răsturnarea guvernului, numele lui Mircea Geoană fiind avansat, ca o evidenţă, pentru postul de prim-ministru. PD şi PLD au comunicat că vor susţine orice moţiune care ar duce la înlăturarea actualei echipe guvernamentale. Cîteva „detalii" merită însă un examen mai atent.

Dacă moţiunea de cenzură este votată şi guvernul cade, prima posibilitate este numirea unui nou prim-ministru de către preşedinte. Dar… Va accepta Traian Băsescu să-l numească pe Geoană, fără să-şi piardă tot creditul în propria-i tabără? Va accepta PSD ca preşedintele să-l numească pe eternul ales, Theodor Stolojan? Va accepta PD, în lipsa unui candidat credibil, să nu joace decît eventualul rol de arbitru? Dar PRM, care va sprijini moţiunea, ce recompensă va primi? Pornind împreună acţiunea de răsturnare a guvernului, cele patru partide îşi afirmă implicit disponibilitatea de a colabora. E însă un pas mare, greu de făcut în haosul politic românesc, între colaborare şi împărţirea beneficiilor.

A doua posibilitate e cea a mult-visatelor la Cotroceni alegeri anticipate. Cu inerentele lor compozante aleatorii. Şi cu aproape inevitabila nevoie a viitorului executiv de a cere sprijinul PSD în Parlament.

Toate aceste opţiuni ar trebui să se traducă printr-o pierdere de credibilitate a preşedintelui (şi, dacă aşa a fost gîndită, mişcarea PSD e foarte abilă). Dar, în fond, ele n-ar face decît să ne aducă exact în punctul de unde am plecat: instabilitate de lungă durată pe scena politică românească.

Spre F.S.N. prin auto-cenzură

Emil Boc, şeful Partidului Democrat, a anunţat că formaţia pe care o conduce va vota miercuri în favoarea moţiunii de cenzură. El se supune astfel voinţei (obsesiei) prezidenţiale de a răsturna actualul guvern. Dar, în acelaşi timp, acceptă o situaţie a cărei absurditate este specifică peisajului politic dîmboviţean. Iată de ce…

Moţiunea se intitulează „1000 de zile de haos. Sfîrşitul guvernării de dreapta." Aceste 1000 de zile au început în decembrie 2004, cînd a fost instalat guvernul Alianţei D.A. Guvern din care făcea parte şi Partidul Democrat. Care îşi asumă, aşadar, numai pentru a-i face plăcere dlui Băsescu, contribuţia la aproximativ 700 de „zile de haos"! Deşi a participat un timp ceva mai scurt la guvernare, PLD (Stolojan), care va vota şi el în favoarea moţiunii, se află exact în aceeaşi situaţie.

Ar merita facută o cercetare în arhivele politice europene pentru a se vedea dacă există vreun precedent al stupidei iniţiative la care vom asista mîine: două partide care votează o moţiune de cenzură împotriva lor înşile. Nu e un secret faptul că dl Băsescu încearcă să distrugă PNL. Dar e interesant că, pentru asta, a ales exact calea ridiculizării formaţiunilor care îl susţin necondiţionat. Iar ridicolul va continua, fireşte, în cazul în care moţiunea va fi adoptată. Căci, atunci, partidul „cenzor" (PSD) şi două dintre partidele „cenzurate" (PD şi PLD) riscă să se regăsească în acelaşi guvern.

Să nu-l blamăm, totuşi, pe strategul de la Cotroceni: în ochii lui, renaşterea FSN, care a făcut din el un fel de om politic, merită acest preţ.

Despre egoismul sacrificiului

În decembrie 1989, Ceauşescu încerca să-i convingă pe membrii CPEx, dar şi pe românii adunaţi în Piaţa Palatului, că rămînerea lui la putere era singura soluţie împotriva haosului şi a dezintegrării naţionale. În aprilie 2007, discursul preşedintelui suspendat Traian Băsescu este exact de aceeaşi natură: numai el poate fi garantul democraţiei, el este singurul om cinstit din România, el e omul providenţial. Doar alianţa indefectibilă dintre el şi popor poate salva ţara de sinistra plagă a Parlamentului, pe care acelaşi popor — pare-se într-un moment de rătăcire masochistă — l-a investit pentru a-l reprezenta.

Discursul de auto-definire în postura cavalerului alb luptîndu-se cu masa vîscoasă a balaurilor înverşunaţi ar putea fi ridicol sau tragic. Observatorul atent descifrează însă în construcţia lui accente neliniştitoare. Pentru că, dacă argumentele nu s-au schimbat între 1989 şi 2007, e din ce în ce mai limpede că nici motivaţiile nu sînt radical diferite. Atunci cînd dl Băsescu sugerează că numai el poate apăra naţiunea împotriva acelora pe care naţiunea i-a ales, ne aflăm în faţa unei negări a principiului fundamental al democraţiei. Şi atunci cînd tenorii societăţii civile îşi împing admiratorii să urle „Jos Parlamentul!", întrezărim premisele inconştiente ale posibilei lovituri de stat.

Astfel stînd lucrurile, e destul de uşor să ne închipuim calculul simplu care l-a făcut pe dl Băsescu să renunţe la demisia „în cinci minute" – sau, cu alte cuvinte, să treacă de la teribilism la luciditate. Pe de o parte, în timpul celor trei luni de aşteptare a alegerii anticipate, el risca să fie părăsit de unii dintre apropiaţii săi, despre care ştie probabil că, în faţa incertitudinii, s-ar fi dovedit mai mult inte-resaţi decît fideli. Pe de altă parte, el a înţeles că un eventual candidat comun al guvernului şi al opoziţiei ar fi cîştigat sigur, îndepărtîndu-l definitiv de viaţa publică şi de avantajele aferente, printre care acela al imunităţii nu e în nici un caz de lepădat. Şansele pe care şi le oferă dl Băsescu revenind la soluţia referendumului sînt multiple. În primul rînd, el se instalează în rolul confortabil al victimei (care, în mod evident, îi serveşte sistematic drept principal argument politic). În al doilea rînd, scutit de confruntarea electorală, fără un adversar care să-i poată da replici coerente, el va ocupa de unul singur spaţiul mediatic şi-şi va organiza publicitatea după bunul său plac. În al treilea rînd, nu va avea de aşteptat decît o lună, ceea ce nu e prea mult nici pentru el, nici pentru prietenii lui. În al patrulea rînd, toate estimările îi arată că rezultatul referendumului i-ar fi favorabil. Şi, aparent, „preşedintele jucător" preferă certitudinile de acest fel.

Rămîne o întrebare destul de neplăcută. Dl Băsescu ştie că, dacă este confirmat în funcţie, nu va putea nici să dizolve Parlamentul, nici să demită guvernul. Duşmănia de pînă acum se va transforma într-o nevoie otrăvită de răzbunare. Preşedintele Traian Băsescu bis va fi izolat la Cotroceni, de unde va transmite mesaje agresiv-nostalgice despre toate cîte ar fi putut să facă pentru popor dacă ar fi avut controlul complet al întregii vieţi politice. În afară de posibilitatea instaurării unei dictaturi – care nu trebuie, sub nici un pretext, pierdută din vedere –, singura lui perspectivă pentru următorii doi ani şi jumătate e aceea de a organiza intrigi de culise şi blocaje instituţionale. Nimic din toate acestea nu va fi bun pentru România. De ce, atunci, se agaţă dl Băsescu cu o asemenea îndîrjire de funcţia prezidenţială? Preţul „sacrificiului" său pentru „binele public" ar putea să fie exorbitant. Şi toată ţara ar fi condamnată să-l plătească.

Probleme de traducere

„Una vorbim şi başca ne-nţelegem" – vorbă veche, poate uitată azi, ce se poate aplica perfect întortocherilor discursive ale dlui Băsescu după vizita în judeţele Covasna şi Harghita.

După ce, cu cîteva luni în urmă, a condamnat brutal referendumul pentru autonomia Ţinutului secuiesc, preşedintele îşi exersează acum talentul semantic: „Ceea ce noi numim descentralizare, maghiarii numesc autonomie." Nimic altceva! Desigur, tot la descentralizare s-a gîndit şi Gheorghiu-Dej cînd a inventat Regiunea Mureş Autonomă Maghiară, acea zonă întinsă din mijlocul ţării în care nu puteai să cumperi nici măcar o pîine vorbind „doar" româneşte.

În ce priveşte învăţarea limbii române de către copiii maghiari, preşedintele a descoperit că, tot printr-un fel de descentralizare, ea trebuie să le fie predată ca o limbă străină. Efectul unei astfel de măsuri ar fi formi-

dabil: acestor copii, născuţi în România şi cetăţeni ro-
mâni, li se va întări convingerea că sînt străini într-o
ţară străină şi vorbind o limbă străină. Astfel, prin
transgresări lingvistice succesive, ni se va putea explica
într-o zi că noi numim descentralizare ceea ce ei vor
numi dezmembrare.

O simplă chestiune de dicţionar!

14 august 2007

Fabulaţii despre anticomunism

În căutarea unui paradox prin care să schimbe sensul discuţiilor din ultimele zile despre autonomia Ţinutului Secuiesc, dl Cristian Preda afirmă pe blogul său că Laszlo Tökes este „un simbol al luptei împotriva comunismului" şi un „erou anticomunist". Iată de ce, potrivit dlui Preda, Parlamentul European l-a ales în funcţia de vice-preşedinte.

Două absurdităţi! În primul rînd, Parlamentul European nu a dat pînă acum vreo dovadă de anticomunism – ba chiar, uneori, dimpotrivă. Nimeni nu a primit pînă acum vreo funcţie la Bruxelles, nici chiar mai puţin importantă decît cea de vice-preşedinte, pentru că a luptat împotriva comunismului. De ce s-ar fi început cu Tökes?

În al doilea rînd, ar fi bine ca dl Preda să precizeze în ce a constat „eroismul anticomunist" al pastorului de la Timişoara. Ce a făcut Laszlo Tökes pentru a combate regimul Ceauşescu? A dat interviuri în presa maghiară. A trimis la Budapesta informaţii false (cazul Ernö Ujvarossy). Şi, în cele din urmă, a refuzat decizia propriei sale ierarhii religioase de mutare de la Timişoara la Mineu.

Se cheamă asta „luptă împotriva comunismului"? E vreun „eroism" în toate astea? A fost oare Tökes arestat, anchetat, urmărit, persecutat? A organizat Tökes vreo acţiune de protest (cu excepţia colaborărilor lui cu presa comunistă din Ungaria)? Îi cunoştea cineva în România calitatea de opozant înainte ca aceasta să-i fie fabricată (abia în 1989) de *Europa Liberă*? Răspunsul la toate aceste întrebări e *nu*.

Există în schimb serioase bănuieli că Laszlo Tökes a colaborat cu Securitatea (au fost publicate în diverse ziare angajamentul olograf şi o serie de note informative date de el). Alison Mutler, şefa biroului Associated Press de la Bucureşti, a scris despre asta, iar apoi a cîştigat procesul pe care i l-a intentat Tökes. Ceea ce pare destul de elocvent.

Afirmaţia lui Cristian Preda are de ce să şocheze, să irite. Pentru că a face din Tökes „un simbol al luptei împotriva comunismului" şi un „erou" înseamnă a bălăcări întregul trecut real în mocirla falselor criterii, înseamnă a diminua meritul celor care cu adevărat au luptat, înseamnă – ceea ce se încearcă de mult în România – o răsturnare a memoriei şi o adîncire a confuziei.

27 iulie 2010

Tökes sau arta consecvenţei

În noiembrie 1991, la invitaţia Federaţiei Protestante din Franţa, pastorul Laszlo Tökes făcea o vizită agitată la Paris. Îl preceda o faimă ambiguă – ţesut de minciuni pe care faţa bisericească se ferea să le dezmintă.

Ziarele vorbeau despre răpirea lui de către Securitate în 1989, erau descrise chinurile prin care trecuse sub regimul comunist şi persecuţiile pe care continua să le suporte după 1990, iar el întreţinea prin declaraţii sibiline falsa legendă.

Cum era şi firesc pentru o asemenea personalitate, a fost organizată la sediul Federaţiei o conferinţă de presă. Pastorul-revoluţionar a sosit într-o maşină a ambasadei maghiare, însoţit de un diplomat maghiar şi de fratele său, care, vorbitor de franceză, i-a servit de interpret. Căci eroul României din decembrie 1989 nu se exprima decît în ungureşte.

În termeni de o rară brutalitate, Tökes şi-a expus doleanţele şi revendicările, cu nimic diferite de cele de azi. Nu redau din ele decît o singură frază – teribilă, indecentă enormitate, care mi se pare că ilustrează perfect gîndirea politică a dlui Tökes: „Situaţia ungurilor din România de azi nu are decît un singur echivalent în istorie: situaţia evreilor în Germania nazistă."

În sală, ziarişti de la cele mai importante publicaţii franceze, îi sorbeau cu aviditate cuvintele, încîntaţi în ignoranţa lor să mai descopere o minoritate crunt persecutată. Bun orator, Tökes compunea un tablou în care orice om neinformat (sau care refuza să se informeze – ceea ce e un lucru mai frecvent decît se crede) putea să întrevadă trenuri ale morţii care străbăteau România purtînd prizonieri unguri către monstruoase lagăre de exterminare.

Iată cum şi-a început dl Tökes ascensiunea către demnitatea de reprezentant al României în Parlamentul European, pe care a dobîndit-o în mare măsură mulţumită sprijinului lui Traian Băsescu. Nu cred că azi discursul lui ar putea să fie foarte diferit de cel din 1991. Mă tem însă că, rostit la alte tribune şi-n faţa unui auditoriu mai vast, mai puternic, el a cîştigat în eficacitate. În timp ce România, ca de obicei, pierde protestînd molatic.

Adaug că, în 1991, informată de violenţa discursului ţinut de pastorul Tökes, Federaţia Protestantă din Franţa a regretat public faptul de a fi permis organizarea, în sediul său, a acestei conferinţe de presă. Cei care l-au trimis pe Laszlo Tökes în Parlamentul European nu regretă, desigur, nimic.

24 iulie 2010

După ţigani, armenii... Cine urmează?

Duminică, la ieşirea din spital, preşedintele Băsescu şi-a luat rămas bun de la doctorul Mircea Ghemegian, care-l operase cu o zi înainte, afirmînd: „În sfîrşit, văd şi eu un armean bun." După care s-a corectat: „Un armean competent."

Aluzia la ministrul liberal al economiei şi finanţelor Varujan Vosganian e transparentă. Comparaţia negativă nu este nici măcar eficientă.

După răbufnirea „ţigancă împuţită" – justificată neconvingător de preşedinte ca fãcînd parte dintr-o discuţie particulară –, noua ieşire, în public de data aceasta, agravează situaţia dlui Băsescu. E limpede că, pentru a-şi manifesta aversiunea faţă de un personaj, el nu ezită să insulte o naţiune întreagă. Preşedintele României îşi permite să afirme că armenii nu sînt nici buni, nici competenţi, doar pentru a sublinia faptul că prezenţa dlui Vosganian în guvern îi este neplăcută.

Violenţele dlui Băsescu sînt din ce în ce mai îngrijorătoare. Antipatiile lui, care trec de la persoane la popoare întregi, de asemeni. Într-o altă ţară, astfel de afirmaţii necontrolate – şi care pornesc, fără îndoială, dintr-un profund sentiment de dispreţ pentru „alţii” – ar fi provocat un scandal naţional şi ar fi putut să-l coste fotoliul prezidenţial. E drept însă că, într-o altă ţară, dl Băsescu n-ar fi fost ales nici măcar primar într-un sat cu 500 de locuitori!

11 septembrie 2007

Diplomaţia ca formă de eşec

„Diplomaţia română"… Din incongruenta juxtapunere a acestor două cuvinte, sub pana unor comentatori păcătuind prin entuziasm, se naşte inevitabil o senzaţie de irealitate. Diplomaţia română nu există — nu mai există de 60 de ani. Din 1947, cînd Ana Pauker a preluat portofoliul Afacerilor Externe, relaţiile României cu lumea largă n-au mai însemnat decît exportul de mitocănie prin intermediul unei costisitoare reţele de securişti, peri-securişti şi post-securişti mediocri, pe care doar paşapoartele îi definesc drept diplomaţi. Aşa a fost sub regimul comunist, aşa a rămas după „marea schimbare" şi aşa va fi încă multă vreme.

Potrivit Constituţiei, în vîrful dărăpănatei piramide a „diplomaţiei române" stă însuşi dl Băsescu. E drept că pe fostul căpitan de cursă lungă totul îl predispune pentru diplomaţie: vasta sa cultură istorică şi geopolitică, tactul desăvîrşit, proverbiala stăpînire de

51

sine, cunoaşterea pe vîrfurile degetelor a tuturor ungherelor scenei internaţionale. Acestor înalte calităţi li se datoresc, fără nici o îndoială, strălucitele succese din ultimii doi ani şi jumătate: preşedintele nu e invitat aproape nicăieri, la Bucureşti nu mai vine nimeni, România este omisă în mai toate discuţiile internaţionale, faimoasa axă Bucureşti-Londra-Washington ne aduce atîtea avantaje încît nu mai prididim să ne bucurăm de ele, şi probabil, începînd de la toamnă, gazul rusesc ne va fi vîndut mai scump. Dl Băsescu a reuşit, aşa cum promisese, să scoată ţara din teribila „zonă gri”… pentru a o trece în zona uitării totale.

Sub preşedinte, dar ferită de privirile publice, se desfăşoară întinsa ramificaţie a ambasadelor. Oare ce însemnă azi o ambasadă a României? În primul rînd, o fortăreaţă. În al doilea rînd, un loc în care, prin definiţie, nu se întîmplă niciodată nimic semnificativ. În al treilea rînd – dar nu cel mai puţin important –, un fel de bazar în care înfloreşte un comerţ asiduu cu ţigări, whisky, benzină detaxată şi diverse obiecte electro-casnice. Plecarea „la post” nu are, din punct de vedere socio-psihologic, decît un singur echivalent: constituirea zestrei înainte de nuntă. „Diplomatul” român nu îşi preia misiunea însufleţit de ideea că-şi va servi ţara, ci nerăbdător să vadă cu ce se va întoarce după cei patru ani de semi-vacanţă petrecuţi în străinătate. În recepţiile din marile şi micile capitale, „ambasadorul” român poate fi imediat recunoscut: el e cel mai prost îmbrăcat, el se exprimă cel mai greoi în limbile pe care declară că le stăpîneşte la perfecţie, el e cel pe care nu-l cunoaşte aproape nimeni şi căruia nimeni nu are nimic să-i spună — ceea ce, totuşi, e un avantaj, pentru că, de cele mai multe ori, n-ar şti ce să răspundă.

Astfel ne prezentăm lumii de 60 de ani. Ne sufocă orgoliul şi complexele, dar nu izbutim să înţelegem că dacă, încet-încet, ne părăsesc pînă şi cei care se arătau dispuşi să ne fie prieteni, e numai pentru că sîntem incapabili să reînvăţăm ce înseamnă diplomaţia. Relaţiile internaţionale ale unei ţări sînt fie o structură coerentă, concepută să dureze în timp, fie o simplă bîiguială sterilă. N-am învăţat nici că ambasada e o vitrină: dacă expunem în ea doar ce-am găsit dereticînd prin fundul sertarelor nu avem dreptul să ne plîngem că ne lipsesc clienţii. În sfîrşit, refuzăm să învăţăm că ambasdorul trebuie să fie un actor care joacă rolul unui comis-voiajor: prin fiecare gest al lui, cu fiecare cuvînt, în toată existenţa lui socială, el trebuie să vîndă singurul lucru pe care îl are de vîndut: România.

Aceste elementare adevăruri nu ne interesează. Preferăm să rămînem în tradiţia ultimelor şase decenii. O dovedesc numirile din urmă pentru posturile de ambasadori ai României.

Brandul anti-brand

S-au irosit, în ultima vreme, mulţi bani şi multă cerneală pentru găsirea unui „brand" care să definească sugestiv România în ochii lumii. Altfel spus, se caută o imagine de marcă, un simbol care să ne facă uşor de recunoscut, să ne diferenţieze, cum se întîmplă în cadrul unei campanii de marketing pentru un produs anume. Se pare însă că pentru a singulariza „produsul" România nu s-a găsit încă nici o idee potrivită.

La ce-ar putea servi acest „brand", în slujba căruia s-au pus atît de multe mijloace? Funcţionînd ca o prezentare instantanee a României, el s-ar adresa, fireşte, celor care nu ne cunosc, adică străinilor. Şi nu oricăror străini – eschimoşilor, de pildă, sau papuaşilor puţin le pasă de existenţa noastră –, ci în special acelora care, sub o formă sau alta, dintr-un motiv sau altul, ar putea avea un interes faţă de România. Aici, însă, intervine un paradox: pentru ei, „brandul", ca proiecţie a imaginii naţionale în cele patru zări, există deja! Pentru ei, „brandul" nu e nimic altceva decît primul zid de care se izbesc în încercarea de a intra în contact cu România: corpul nostru diplomatic. Membrii acestei ciudate confrerii reprezintă, în relaţiile cu oficialii străini sau cu muritorul de rînd din alte ţări, modul cel mai palpabil prin care România se proiectează pe sine însăşi în străinătate. O realitate mai degrabă neplăcută – şi un „brand" nu tocmai măgulitor – dată fiind calitatea majorităţii reprezentanţilor noştri.

Mi-a fost dat să cunosc diplomaţi ai altor ţări scăpate din „lagărul socialist" şi mărturisesc că m-au străbătut fiori de invidie cînd i-am comparat cu trimişii noştri peste hotare. Bănuiesc că în capitalele lor s-a înţeles şi s-a izbutit ceea ce nu se înţelege şi nu se izbuteşte la Bucureşti, şi anume că restructurarea unui Minister de Externe nu poate însemna o simplă rotire a cadrelor – în ciuda inegalabilei lor puteri de autoregenerare, în ciuda tuturor şantajelor posibile şi-n ciuda poftei nestinse a anumitor „instituţii abilitate" de a controla diplomaţia ţării. Restructurare nu înseamnă în nici un caz mutarea unui funcţionar din capitala X, unde a eşuat lamentabil, în capitala Y, unde va eşua tot atît de lamentabil – în sensul că va da despre România o imagine la fel de ternă (în cel mai bun caz) sau la fel de mizerabilă (în multe alte cazuri). În ce priveşte Ministerul român al Afacerilor Externe, restructurarea ar însemna, în primul rînd, descotorisirea de incapabilii trecutului şi de parveniţii pe criterii obscure ai prezentului.

Cărui străin îi va mai păsa de „brandul" conceput în birourile de marketing de la Bucureşti după ce va fi intrat măcar o singură dată în localurile vetuste ale ambasadelor noastre, după ce îl va fi îngrozit hidoasa lor decoraţie interioară şi după ce va fi discutat într-o limbă rudimentară cu mulţi dintre cei care ne reprezintă? Îi va mai păsa oare de Brâncuşi, de Enescu sau de mănăstirile din Moldova după ce va fi încercat fără succes să obţină o informaţie fiabilă? Şi ce va povesti el altora în urma acestei insolite experienţe?

Avem, deci, un „brand" – oare chiar nu s-a gîndit nimeni la asta? –, numai că el funcţionează pe dos. Ne singularizează negativ. Ceea ce explică în mare parte de ce România a rămas una dintre cele mai izolate ţări din Europa şi una dintre cele mai puţin credibile. Un alt paradox, insuportabil, constă în faptul că această contra-performanţă permanentă este întreţinută cu bani grei, ca şi cum ne-am plăti singuri detractorii.

Întîiul ignorant al ţării

La începutul lui 2005, aflîndu-se în vizită la Washington, dl Băsescu a lăcrimat în timp ce străbătea sălile Memorialului Victimelor Holocaustului. Era cam în perioada cînd nici nu se gîndea să condamne comunismul (între altele, tocmai declarase că el personal o dusese bine pe vremea lui Ceauşescu!), şi cerea fie cu inconştienţă, fie cu neobrăzare să-i fie făcută proba nocivităţii acestui sistem suportabil pentru tagma din care el însuşi provenea. Tot atunci, declaraţiile pe care le-a făcut cu diverse ocazii îl arătau mai degrabă hotărît să condamne ceea ce fusese deja condamnat, adică dictatura antonesciană.

Toate astea înseamnă că dl Băsescu izbutise destul de repede să înveţe în ce direcţie era util să-şi arate compasiunea şi pe cine trebuia să azvîrle în cazanul cu smoală al istoriei, dacă vroia să-i rămînă anume uşi deschise.

În realitate, cred că se poate spune că dlui Băsescu puţin îi pasă de toţi cei pe care diverşii călăi ai secolului trecut – comunişti sau nazişti – i-au torturat sau omorît. El a lăcrimat la Memorialul de la Washington tot aşa cum a lăcrimat cînd s-a retras Stolojan din cursa electorală. Era bine s-o facă, era *politic* s-o facă, şi a făcut-o. Apoi s-au năpustit diverşi bufoni, incapabili să aibă vreun destin, dar convinşi că-şi construiesc unul adăugînd cioburi la statuia căpitanului-preşedinte, şi i-au spus că are talent, că e diplomat, că se pricepe la strategie, că lumea are privirile aţintite asupra lui. Iar el a luat de bune aceste fleacuri – ceea ce arată că are o legătură foarte discutabilă cu realitatea.

Acum, dl Băsescu e acuzat de antisemitism pentru că a uitat să menţioneze Israelul printre vecinii Siriei şi pentru că a inventat un stat palestinian. E un demers care merită să fie cercetat. Pentru simplul motiv că procurorii se arată desigur prea grăbiţi cînd îi atribuie întorsături perverse de gîndire a căror existenţă el însuşi o ignoră. De ce să fie transformate incultura şi incompetenţa în antisemitism? De ce văd comentatorii evrei în dl Băsescu un duşman al Israelului, cînd el nu e, de fapt, decît un trecător ponos al României?

17 noiembrie 2008

Ambiguităţi prezidenţiale

Preşedintele Băsescu ţine morţiş ca procedura de naturalizare a cetăţenilor Republicii Moldova – indiferent că sînt români sau ruşi – să fie simplificată pînă la a deveni un banal automatism birocratic. Măsură absurdă, care va produce instabilitate pe plan intern şi internaţional, şi care ne va pune într-o situaţie delicată atît faţă de Bruxelles, cît şi faţă de Moscova. Ca să nu mai vorbim de faptul că, la Budapesta, ea va fi înregistrată ca un *precedent util*.

Acelaşi preşedinte Băsescu, anti-comunist convins şi pavăză împotriva vicleniei ruseşti, a inaugurat pe 24 septembrie [2007], în Parcul Tei din Bucureşti, o alee şi un bust închinate lui Gaidar Aliev, fost general KGB, fost membru al înaltei nomenclaturi sovietice şi fost preşedinte despotic al Azerbaidjanului post-sovietic.

Dovedind că nu ştie despre ce vorbeşte (sau că are consilieri care nu ştiu nimic), dl Băsescu l-a desemnat pe Aliev drept autorul independenţei azere şi i-a adus un „vibrant omagiu". Ne putem întreba în ce măsură au apreciat această iniţiativă stranie membrii comisiei Tismăneanu şi dacă intelectualii prezidenţiali o vor înscrie printre faptele de arme „istorice" ale idolului lor... Deocamdată, ei tac. Inexplicabil ?

Spre deosebire de PNL, care se mulţumeşte cu neaoşii „securişti buni", dl Băsescu pare că începe să cultive „KGB-iştii buni"!

„Ah, România!...”

Colecţia „romanelor de 15 lei”, dinainte de război, conţinea, pare-se, nenumărate formule care, voindu-se cît mai sugestive, deveneau simple absurdităţi bombastice. Un exemplu, citat adesea: „Furios, trînti uşa, sări pe cal şi porni în toate direcţiile.”

Este exact senzaţia pe care o dă politica românească actuală. Coerenţa este un cuvînt despre care spectatorul şi-ar putea închipui că a fost interzis în principalele instituţii ale statului. Poate că haosul este o formă subtilă de manifestare a „democraţiei originale” şi a „post-tranziţiei”, poate că el este considerat ca forma cea mai rafinată a strategiei – greu de spus. În orice caz, politica românească se năpusteşte intempestiv în toate direcţiile, fiecare mişcare contrazicînd-o pe cea care i-a precedat.

Orice ambasadă are misiunea de a informa cotidian ministerul căruia îi e subordonată despre evoluţiile politice din ţara de reşedinţă. La începutul verii, situaţia din România devenise atît de confuză, atît de imprevizibilă, încît mai multe mari ambasade de la Bucureşti încetaseră să mai scrie aceste sinteze. La prima vedere, pare un lucru mărunt. În realitate, faptul că reuşim să le dăm partenerilor noştri o impresie de dezordine tenace e grav; mult mai gravă, însă, e indiferenţa mai-marilor de la Bucureşti faţă de păcătoasa reputaţie pe care şi-o fac astfel în lume.

„Ah, România!..." exclamă înalţii funcţionari occidentali, ridicînd ochii spre cer şi schiţînd cu braţele un gest de neputinţă. Pentru motive diferite, e drept, consternarea lor era aceeaşi pe vremea lui Ceauşescu. Soarta României pare a fi aceea de a produce mereu uimiri negative…

Mult zgomot pentru nimic

Vreme de 16 ani, toată suflarea românească s-a dat de ceasul morţii în aşteptarea intrării în Europa. Acum, după ce „miracolul" s-a produs, putem constata cîteva lucruri interesante.

S-a vrut, înainte de toate, intrarea în Europa „ca să fim şi noi în rînd cu naţiunile civilizate". N-am izbutit! După 1 ianuarie 2007, întreaga clasă politică românească şi-a dat poalele peste cap mai abitir decît în trecut, ceea ce, prin forţa lucrurilor, atrage asupra noastră priviri în care se amestecă îngrijoarea, uimirea şi chiar dezgustul noilor noştri parteneri. Cu drept cuvînt, de altfel, căci ceea ce se întîmplă pe malurile Dîmboviţei nu are echivalent în alte părţi.

S-a vrut, apoi, intrarea în Europa „ca să beneficiem şi noi de această mană financiară". Nici aici n-am izbutit! Fondurile europene ne sînt, într-adevăr, alocate, dar nu ştim ce să facem cu ele, nu le cheltuim şi vom fi nevoiţi să le dăm înpoi. Nevoile României sînt imense, dar capacitatea clasei politice de a răspunde acestor nevoi – chiar cînd banii vin de la Bruxelles – este extrem de mică.

S-a vrut, în sfîrşit, intrarea în Europa „ca să ne consolidăm democraţia". Cu alte cuvinte, contaminaţi definitiv de comunism, ne căutam „tătucul" din exterior care să facă ordine în haosul nostru. Dar n-am izbutit nici în încercarea asta! Alegerile europene, a căror perspectivă a agitat România peste o jumătate de an, nu mai interesează acum pe nimeni. Ele vor avea loc peste două luni*, dar partidele n-au reuşit să-şi constituie listele de candidaţi, campania electorală e inexistentă, iar sondajele arată că o majoritate covîrşitoare de români au decis să nu se ducă la urne.

Iată pentru ce ne-am înflăcărat 16 ani, pentru ce am tremurat de emoţie şi am implorat ajutorúl prietenilor din ce în ce mai puţin numeroşi. Ceea ce se întîmplă, după atîta zbatere, este un eşec al mentalităţii colective româneşti – dovadă că nu putem duce nimic la bun sfîrşit şi că, în fond, sîntem atinşi de sindromul tragic al neseriozităţii colective.

---

* Articolul a fost scris pe 17 septembrie 2007.

Spălătoria „Europa"

Pe frontonul fiecărei instituţii europene ar putea fi înscris cu litere de-o şchioapă îmbietorul anunţ: „Curăţim de comunism în cîteva declaraţii". Dar, pentru ca lucrurile să fie clare şi pentru a preîntîmpina orice posibilă reclamaţie, ar trebui adăugată următoarea precizare: „Onorata clientelă e informată că nu acceptăm decît pete roşii. Acestea nu sînt eliminate, ci declarate irelevante şi reciclate." Un afiş publicitar l-ar putea reprezenta pe Vladimir Voronin cu secera şi ciocanul în mînă, urcînd fericit treptele peronului Uniunii Europene sub aplauzele mai-marilor zilei.

În fond, dacă privim în urmă, descoperim o evoluţie perfect coerentă şi realizăm că brusca intrare a generalului de miliţie comunist Voronin în „marea familie euro-peană" nu are, în sine, nimic surprinzător. Încă din primele luni ale lui 1990, şefii regimurilor post-comuniste instalate în Europa centrală şi de est —

regimuri în asemenea măsură înţesate de comunişti re-
definiţi la repezeală încît unii le numeau cripto-comu-
niste – s-au năpustit către porţile „structurilor
euro-atlantice", cu chipurile transfigurate de subite
conversiuni. Au bătut şi li s-a deschis. Aflaţi încă în
prag, ei şi-au debitat lecţia nou învăţată, au explicat
cum, în realitate, spiritul lor fusese tainic bîntuit de
convingeri euro-atlantice încă de pe vremea cînd scur-
mau – cu scîrbă, fireşte – în gunoiul comunist, şi au
cerut să intre. Discreţi, delicaţi, cei dinăuntru nu le-au
pus nici o întrebare stînjenitoare, n-au vrut să ştie
nimic despre trecutul tulbure al noilor veniţi, nu s-au
mirat de graba cu care convingerile fuseseră interver-
tite. Totul era simplu, firesc. Iar filtrele – cînd existau
– erau inofensive elemente de decor.

Aşadar, „Noua Europă" dragă lui Donald Rums-
feld a început să trimită către augustele sanctuare
euro-atlantice valuri de comunişti şi de veterani ai ser-
viciilor de spionaj. Şi, fireşte, în tabăra occidentală, ni-
meni nu s-a simţit stingherit de proximitatea
inamicilor din ajun, deveniţi peste noapte parteneri
mieroşi. „De-a lungul anilor 90, guvernul Statelor
Unite, presa americană şi organizaţiile non-guverna-
mentale americane s-au străduit să împiedice orice lus-
traţie în ţările candidate la admiterea în Uniunea
Europeană", constată un raport publicat recent de Bri-
tish Helsinki Human Rights Group. Iar celelalte puteri
apusene au urmat aceeaşi politică. Nimeni, în fostul
„lagăr socialist", nu trebuia să se dedea la vreo

„vînătoare de vrăjitoare". E regula de aur a politicii de convergenţă Est-Vest imaginată de preşedinţii Gorbaciov şi Reagan. Impunitatea nemernicilor făcea parte din preţul cerut de Gorbaciov în schimbul răsturnărilor din 1989-1991. Ca urmare a acestui tîrg păgubos, azi, pe culoarele NATO şi ale Uniunii Europene, mişună comuniştii şi spionii reciclaţi din opt foste state satelite ale URSS. Alţii le vor urma în curînd.

Interesant, însă, e faptul că aceşti reprezentanţi ai trecutului – pe care unii se înşeală crezîndu-l mort – n-au nici un motiv să se simtă singuri. Dimpotrivă. Ei se află în distinsa companie a fraţilor lor întru ideologie. Cum să fie stînjenit un post-comunist român sau polonez cînd se află, de pildă, în prezenţa lui Javier Solana, fost Secretar Genaral al NATO şi actual responsabil cu politica externă şi de securitate a Uniunii Europene, intrat în politică prin nobila poartă a marxismului? De ce ar avea complexe un post-comunist bulgar sau ceh faţă de Romano Prodi, fostul preşedinte al Comisiei Europene, marxist nu cu totul reconvertit? Dar urmaşul lui, José Manuel Durão Barroso, actualul preşedinte al Comisiei, va sfida el oare vreun „ex" venit de la răsărit, cînd el însuşi şi-a petrecut tinereţea nu prea îndepărtată militînd în Mişcarea pentru Reorganizarea Partidului Proletariatului, o formaţiune maoistă, deci de extrema stîngă?

Poate tocmai pentru a nu tulbura buna ordine existentă, ţările nou admise se străduiesc să trimită la Bruxelles comisari europeni cu un trecut comunist dintre cele mai serioase. Astfel au procedat, de pildă, cele trei state baltice, Polonia şi Ungaria. Dar deputaţii în Parlamentul European? Dar funcţionarii pe care îi vor numi ţările nou admise? Sigur, nu toţi vor fi foşti comunişti sau spioni. Să nu visăm! Lumea nu e încă perfectă. Procentul acestora, însă, va fi inevitabil important în cadrul delegaţiilor naţionale.

Pe de altă parte, partidele politice occidentale – de guvernămînt sau de opoziţie –, cele care fac să se învîrtească marea roată a euro-atlantismului, cocoloşesc şi ele în sînul lor o sumedenie de „foşti" comunişti, troţkişti, anarhişti, susţinători de cauze teroriste, oameni despre al căror trecut nu se ştie chiar totul şi care, la un moment dat, au îmbrăcat improbabilul costum social-liberal. Faţă de ei, Vladimir Voronin are un ascendent moral indiscutabil: el a fost şi a rămas comunist pe faţă. În plus, el a înţeles (sau au înţeles analiştii de la Moscova pentru el) că îi erau de ajuns cîteva gesturi către Bruxelles pentru a fi acceptat drept client al Spălătoriei „Europa", ceea ce avea să-i confere, imediat, un statut de onorabilitate.

Ceea ce un „fost" a putut face de-a lungul mizerabilei sale existenţe, răul pe care l-a săvîrşit din ticăloşie sau din simplă imbecilitate oportunistă – iată lucruri care nu mai produc vreo tulburare în instituţiile politice occidentale. Enunţarea unei biografii comuniste sau securiste în faţa unui „responsabil" european stîrneşte, din partea acestuia, în cel mai bun caz, un vag gest de indiferenţă. În lumea de azi, eticheta îl face

pe om. Iar ceea ce a aşteptat occidentul „euro-atlantic”
de la învăţăceii din Europa centrală şi de est n-a fost
schimbarea oamenilor, ci a etichetelor. Oricărui fost
tartor roşu i se îngăduie să înceapă o nouă carieră po-
litică dacă acceptă să rostească formula magică: „Sînt
democrat şi european.” O mică formalitate care, pen-
tru versatilii tovarăşi, nu constituie nici un neajuns.
Acesta este miracolul noii ordini mondiale.

Referendum
pentru ùmbrele preşedintelui

Dacă nu va interveni pînă atunci o schimbare majoră în legislaţia ţării, pe 19 mai [2007] Traian Băsescu va fi confirmat în funcţia de preşedinte al României şi se va întoarce la Cotroceni aureolat de o legitimitate considerabil sporită. Pornind de la această premisă e util şi interesant totodată să imaginăm ce-ar face dl Băsescu dacă, începînd din acea zi, nu i-ar mai sta nimeni în cale, adică dacă s-ar afla în situaţia pe care şi-o doreşte din chiar clipa investirii sale.

În primul rînd, desigur, ar încerca să-şi ducă la îndeplinire vechiul plan, devenit obiectivul principal (dacă nu chiar singurul) al programului său politic: dizolvarea Parlamentului şi organizarea alegerilor anticipate. O bună parte a opiniei publice aderă la această idee a preşedintelui, fără însă a-i evalua consecinţele. Care sînt, totuşi, previzibile: dacă, în 2004, opţiunile electoratului nu au fost destul de cristalizate pentru a da ţării o adevărată majoritate, în 2007, după doi ani şi jumătate de sfîşieri, rezultatul unei eventuale consultări legislative va fi cu siguranţă încă şi mai neclar. Din acest punct de vedere, deci, nu se va obţine o mai mare stabilitate, ci, dimpotrivă, o agravare a blocajelor.

În al doilea rînd, dl Băsescu s-ar grăbi să numească guvernul la care visează din decembrie 2004 – ne-a spus-o doar cu orice ocazie, pînă la plictis – şi care i se pare cel mai potrivit pentru binele ţării. Guvern care va fi condus, fireşte, de dl Theodor Stolojan şi care-i va avea ca principali miniştri pe dna Mona Muscă şi pe dl Valeriu Stoica. O echipă heteroclită, incapabilă probabil să se menţină la putere fără sprijinul PSD.

Desigur, nu este vorba aici decît despre o ipoteză. Foarte plauzibilă, însă. Şi din care rezultă inevitabil cîteva întrebări incomode. De ce toate numele sonore care îl sprijină „neconditionat” pe dl Băsescu se arată atît de discrete în privinţa personajului cu care preşedintele formează un vechi tandem plin de mistere: dl Stolojan? De ce intelectualii care semnează petiţii în favoarea preşedintelui, cu intenţia vădită de a influenţa opinia publică, nu pomenesc niciodată numele celor pe care Traian Băsescu ar vrea să-i aducă la guvernare? Căci lozinca „Jos Tăriceanu!” pe care o scandează ei prin pieţe nu subînţelege nimic altceva în spiritul preşedintelui decît „Traiască Stolojan!” De ce, aşadar, nimeni nu are *curajul* să afirme: îl vreau pe

Băsescu ştiind că el în vrea pe Stolojan? Şi, la urma urmei, de ce aceia pe care-i sufocă gîndul că guvernul are azi nevoie în Parlament de sprijinul PSD (nevoie, de altfel, la care s-a ajuns din pricina jocurilor politice ale preşedintelui) au tăcut mîlc cînd dl Băsescu, fără nici o constrîngere anume în acel moment, a numit la conducerea SRI pe unul dintre fruntaşii PSD?

Există anumite disocieri care nu pot fi făcute decît cu preţul unei contorsiuni morale numită în mod curent necinste. Dl Băsescu nu este o apariţie spontană, singurateca şi fără genealogie în peisajul politic românesc. El are un trecut contestabil, s-a afirmat public în imprejurări contestabile şi e înconjurat de prieteni contestabili. Îşi asumă oare cei care-l sprijină „necondiţionat” întregul său parcurs şi toate relaţiile sale cunoscute şi necunoscute? Toţi se feresc s-o afirme. Pentru că, dacă au îmbrăţişat azi o cauză proclamînd-o drept respectabilă – chiar dacă ea este în totală contradicţie cu cea pentru care se agitau acum cîţiva ani şi, fără îndoială, cu cea pe care o vor apăra mîine –, ei ştiu că nu se pot întoarce curaţi din călătoria prin trecutul şi cercul de prieteni ai idolului lor. Dar toţi, în declaraţiile lor înflăcărate, lasă să se întrevadă un raţionament fals: Traian Băsescu în versiunea 2007 nu are nici o legătură cu Traian Băsescu din perioada pre-89, nici cu cel din anii 1990-2000. Orbită de mirajul portocaliu, prezumţia lor e simplă: Traian Băsescu a evoluat, s-a schimbat, a devenit „de-al nostru”. Se prea poate. Dar atunci, un dram de onestitate ar trebui să-i împingă să aplice şi altora această prezumţie de metamorfoză benefică, să considere că şi alţii, Dumnezeu ştie prin ce miracol, au putut deveni „de-ai noştri". Aici însă logica mai-marilor societăţii civile (teoretic imparţiali) se strîmbă în mod straniu şi se blochează, de vreme ce ei îi rezervă acest privilegiu doar lui Traian Băsescu. Alţii nu se pot schimba; numai „preşedintele nostru" a fost atins de aripa divină a harului. Ridicol!

Demersul susţinătorilor preşedintelui e, ni se spune, expresia celor mai bune intenţii (şi, în unele cazuri, trecute sub tăcere, a celor mai clare interese). Acest demers rămîne însă suspect de neseriozitate, dacă nu chiar de necinste, atîta vreme cît, în apeluri şi manifestaţii, dl Băsescu e scos din contextul inevitabilelor sale anexe umbros-politice: Theodor Stolojan, Ioan Talpeş, Elena Udrea, etc., etc. Dl Băsescu nu se poate lipsi de ei, iar votul în favoarea sa la referendum va fi, explicit, un vot şi în favoarea lor. Iată ce evită intelectualii mobilizaţi să mărturisească celor ce îi urmează cu încredere.

Poporul bun şi poporul rău

Toată agitaţia din ultimele săptămîni a intelectualilor peri-politicieni porneşte de la un postulat aberant: ei afirmă subliminal că preşedintele ales de popor este mai legitim decît Parlamentul ales de acelaşi popor. Pornind de aici, concluzia pe care o impun ei este că preşedintele are dreptul moral – şi ar trebui să aibă şi dezlegarea constituţională – de a dizolva Parlamentul, dar că, în schimb, Parlamentul a acţionat totodată imoral şi anticonstituţional suspendîndu-l pe preşedinte.

Construcţia e nu numai juridic inacceptabilă, ci şi complet lipsită de onestitate, din moment ce putem fi siguri că, în circumstanţe diferite, promotorii ei n-ar ezita să inverseze termenii ecuaţiei. Ori o regulă juridică nu poate fi nici variabilă, nici negociabilă în funcţie de inconvenientele sau de interesele politice ale unei conjuncturi date.

Înfrăţiţi în patima apelurilor împovărate de „semnături prestigioase" (printre care găsim prea multe nume ale unor slujbaşi numiţi în funcţii şi retribuiţi de către chiar guvernul a cărui demitere o cer cu vehemenţă), intelectualii-jucători îşi risipesc energia încercînd să asmută opinia publică împotriva Parlamentului. Dar, în măsura în care Parlamentul, aşa cum este el, a fost votat tocmai de cei care alcătuiesc această opinie publică, exerciţiul e ilogic. Mai mult: el devine chiar iresponsabil într-o ţară care deprinde atît de greu rudimentele democraţiei.

Dl Traian Băsescu invoca nu de mult poporul în calitatea lui de stăpîn al României. Într-un limbaj puţin mai şlefuit ar trebui să-l numim popor suveran. Şi, într-un sistem de gîndire mai echilibrat, ar trebui să-i recunoaştem această suveranitate indiferent pentru cine votează. În 2004 acestui popor i s-a oferit posibilitatea de a alege între dnii Năstase şi Băsescu, iar el l-a preferat pe dl Băsescu (în condiţiile unei participări la vot destul de slabe şi cu o foarte mică majoritate). Tot în 2004 i-au fost prezentate aceluiaşi popor liste de candidaţi pentru cele două camere ale legislativului, iar el nu le-a boicotat, ci a votat în favoarea lor, refuzînd – faptul trebuie subliniat – să-i acorde preşedintelui nou ales majoritatea pe care o revendica. Parlamentul astfel constituit este la fel de legitim ca preşedintele şi, în plus, putem fi siguri că un număr considerabil de alegători – evidenţă care îi enervează desigur pe intelectualii-militanţi – îşi consideră aleşii drept perfect reprezentativi. A gîndi altfel înseamnă a dispreţui electoratul. Ceea ce e grav.

Frenezia intelectualilor-petiţionari nu este, în fond, decît perdeaua de fum menită să ascundă eşecul complet al misiunii lor de educare a mulţimii. Dar ce educatori pot fi aceia care în 2000 cereau poporului să voteze în favoarea candidatului PSD, iar în 2007 se revoltă împotriva parlamentarilor PSD aleşi de popor?! Ce credibilitate pot avea aceia care în 2000 explicau eşecul CDR prin acţiunea nefastă a ministrului Băsescu, iar în 2007 zdruncină instituţiile fundamentale ale statului de dragul păstrării în funcţie a preşedintelui Băsescu?! În mod inept, ei contestă acum legitimitatea unui Parlament ales democratic şi cer dizolvarea lui. Fără să pară a înţelege că, din alegerile anticipate pe care şi le doresc la unison cu idolul lor, va reieşi o configuraţie aproape sigur similară cu cea de azi. Sau poate chiar una care-i va contraria şi mai mult. Ca să evite o astfel de eventualitate, nu le rămîne decît să ceară, pur şi simplu, dizolvarea celor care aleg Parlamentul, sau, altfel spus, dizolvarea poporului.

Ţara ne-alianţelor

În mai 1990, partidul lui Ion Iliescu a reuşit – ceea ce era previzibil – să-şi agure majoritatea absolută în Parlament. Doi ani mai tîrziu, performanţa n-a mai putut fi repetată. Aşadar, din 1992 încoace – adică de 16 ani –, România este mereu guvernată de alianţe.

A le enumera n-ar servi la nimic. Au fost multe, heteroclite, absurde, contra naturii – şi, în special, au fost întodeauna născute moarte. Zîmbetele care însoţeau anunţul venirii lor pe lume nu prevesteau decît un doliu inevitabil şi, aproape totdeauna, imediat. Cine, în România, mai poate privi conceptul însuşi de alianţă altfel decît ca pe un dric hodorogit care poartă, de la o groapă la alta, viaţa publică a ţării?

Poate doar cei care continuă să „gîndească" aceste alianţe – adică personajele îndoielnice care, printr-o vastă impostură, şi-au pus destinul sub eticheta de *oameni politici*. Şi care au transformat astfel instituţiile statului, viaţa însăşi a statului, într-o problematică arenă de circ.

În România ultimilor 18 ani au apărut şarlatani, bufoni, panglicari, falsificatori, hoţi, cabotini, scamatori. Îngrămădiţi în mijlocul arenei şi însoţiţi de asurzitoarele note false ale fanfarei, cei care-şi dădeau palme ieri, azi se îmbrăţişează. Dar clovneriile lor nu mai amuză pe nimeni.

În România ultimilor 18 ani au apărut de toate, doar politicieni nu.

Alegeri fără alegere

Oricine a avut curiozitatea să observe cum se petrec lucrurile pe „scena politică românească" de 18 ani încoace, oricine a înregistrat diversele faze ale absurdei succesiuni de rivalități și false alianțe, își poate pune, în mod cît se poate de legitim, întrebarea: pe ce criterii se constitue opțiunile electorale ale alegătorilor români?

Diferențele între partide țin mai degrabă de *forma* discursului decît de *conținutul* lui. Diferențele între reprezentanții vizibili ai partidelor – cei cărora le sînt rezervate funcțiile de tot soiul – sînt doar o iluzie, întreținută prin formule publicitare mai mult sau mai puțin inspirate, mai mult sau mai puțin convingătoare.

A vorbi, în România de azi, despre ideologii sau programe e un non-sens. A vorbi despre „lupta" unui partid – în măsura în care lupta înseamnă, în primul rînd, consecvența ideilor – e ridicol. Cît despre

„convingerile politice” ale fruntaşilor, ele au, fără îndoială, o legătură strînsă cu interesele lor bancare şi absolut nici una cu interesele ţării. Din acest punct de vedere, e greu de înregistrat vreo deosebire între ei, indiferent de partidele din care provin.

Astfel stînd lucrurile, e din ce în ce mai greu de înţeles pe ce criterii votează românii. Să examinăm un caz concret. Alegătorul care, în 2004, a votat pentru PNL pentru că acest partid era împotriva PSD, riscă să se afle, în 2008, în faţa unei alianţe PNL-PSD. Pentru cine va vota el şi, în special, de ce?

Încet-încet, haosul politic din România a golit de orice sens noţiunea de opţiune. Nivelul de participare din ce în ce în ce mai scăzut, într-o atmosferă de indiferenţă din ce în ce mai perceptibilă, este o dovadă a faptului că alegerile nu mai înseamnă nimic atunci cînd alternativele sînt echivalente.

Discreţia dinaintea acceptării*

M-am tot întrebat, de-a lungul ultimelor ore, dată fiind întorsătura pe care par a o lua negocierile, ce vor scrie propagandiştii prezidenţiali în editorialele lor post-electorale. Dl Patapievici e primul care se manifestă, dar fără să spună nimic. Se bucură îndelung de eliminarea lui Vadim Tudor din Parlament, dar nu consacră nici măcar o frază tîrguielilor mocirloase în care se afundă, chiar în timp ce el scrie, preşedintele şi partidul cărora le-a făcut campanie. Constatări sterile, locuri comune, dar nici o îngrijorare, nici o îndoială, nici o punere în cauză. Citindu-l, ai impresia că nu se putea întîmpla nimic mai firesc decît ceea ce se întîmplă, acest firesc fiind contrariul a ceea ce scrie el de doi ani şi mai bine. Doar PDL ne poate scăpa de PSD,

---

* Imediat după alegerile legislative din 2008, cînd începuseră negocierile în vederea constituirii unei majorităţi parlamentare PDL-PSD-PC.

spunea mai ieri dl Patapievici. Azi, PDL aduce PSD la putere, iar dl Patapievici disertează soporific despre gîndirea politică a electoratului de stînga şi despre oligarhi transpartinici.

Mă aşteptam la orice, dar, recunosc, nu la o astfel de peltea insipidă, nu la o atît de grosolană eludare a realităţii. Poate tocmai de aceea sînt tentat să spun că demersul dlui Patapievici este uimitor – şi aş fi scris chiar *admirabil* dacă necinstea intelectuală mi-ar putea stîrni o oarece admiraţie.

Dictatura originală

În mai puţin de 20 de ani, gîndirea politică românească a străbătut un drum surprinzator de lung şi, din păcate, la fel de absurd. De la insipida, inconsistenta „democraţie originală" s-a ajuns, iată, la mult mai interesantele premize ale dictaturii originale a dlui Băsescu.

Planul a fost expus în public, serile trecute.

Dl Băsescu a anunţat, întîi, că nu va lua neapărat în considerare rezultatul alegerilor [legislative din noiembrie 2008] şi a lăsat să se înţeleagă că are de pe acum un favorit pentru postul de prim-ministru. Fericitul ales este un om care nu l-a dezamăgit pe preşedinte − criteriu arbitrar şi, ceea ce e infinit mai grav, cu totul nedemocratic. Mai ales că ar putea fi vorba despre un personaj care, la vremea lui, a izbutit să dezamăgească o ţară întreagă.

Dar dl Băsescu a spus şi altceva. El a anunţat că, imediat după alegeri, Parlamentul îl va suspenda din nou şi a asimilat acest ipotetic demers unei lovituri de stat. Cu alte cuvinte, lovitura de stat fiind un act în violentă contradicţie cu orice idee de democraţie, el a aruncat oprobriul asupra unui Parlament încă neales, acuzîndu-l aprioric de intenţii nedemocratice. Straniu demers, din care rezultă că, pentru dl Băsescu, legislativul ales de popor nu e nimic altceva decît o instituţie suspectă, ameninţătoare, care trebuie combătută în permanenţă şi eventual anihilată.

Cum ar reacţiona dl Băsescu în faţa unei noi suspendări? Ne-o spune el însuşi: refuzînd să se supună şi, de ce nu?, decizînd în cele din urmă să dizolve Parlamentul.

Pornind de aici, un foarte simplu raţionament se impune: dacă suspendarea preşedintelui, prin aplicarea procedurii prevăzute de Constituţie, nu întruneşte caracterele unei lovituri de stat decît în imaginaţia fertilă a dlui Băsescu, în schimb modul în care el anunţă ca va „rezista” unei astfel de posibilităţi este exact cel prin care se instaurează orice dictatură: nesocotirea Constituţiei şi a forului legislativ cu singurul scop de a rămîne la putere.

Această declaraţie de intenţii – pe cît de clară, pe atît de alarmantă – oferă argumente nu pentru o nouă şi ineficace suspendare, ci, pur şi simplu, pentru destituirea unui personaj ale cărui concepţii politice au devenit periculoase. Şi nu după alegeri, ci, dacă se poate, chiar mîine.

Parlamentul ca un ghimpe...

La începutul lui mai 1990, cu cîteva zile înainte de primele alegeri libere, un bucureştean entuziast mi-a facut următoarea confesiune: „Pentru preşedinţie îl voi vota pe Iliescu, fiindcă el ne-a scăpat de comunişti; pentru Senat îi voi vota pe ţărănişti, fiindcă sînt mai bătrîni şi mai înţelepţi; pentru Cameră îi voi vota pe liberali, fiindcă sînt dinamici." Cînd i-am spus că, în felul ăsta, nu poate decît să contribuie la instalarea haosului m-a privit cu un aer de superioară îngăduinţă şi mi-a spus că nu înţelesesem mare lucru din „realităţile româneşti". Am descoperit foarte repede că mulţi alţii aveau proiecte electorale de aceeaşi natură.

În 2004, alegătorii l-au trimis pe Traian Băsescu la Cotroceni şi, în acelaşi timp, au umplut Parlamentul cu adversari ai lui Traian Băsescu. În primăvara lui 2007, cînd Parlamentul l-a suspendat pe preşedinte, aceiaşi alegători şi-au contrazis aleşii votînd pentru revenirea lui la putere. Încă o dată s-a dovedit că între români şi instituţiile statului există o ruptură – poate chiar o incompatibilitate –, dar şi că numeroasele ambiguităţi ale Constituţiei se opun în mod constant oricărei posibilităţi de instalare a unei normalităţi politice.

Pornind de la aceste ambiguităţi şi de la blocajele pe care le generează, dl Băsescu a reuşit performanţa de a discredita instituţia parlamentară – adică acea instituţie care este simbolul însuşi al democraţiei. Atît preşedintele cît şi grupul lui de prieteni susţin, pe faţă sau în subtext, că toţi parlamentarii – cu excepţia celor din PDL, fireşte – sînt un fel de ticăloşi. Mai mult: dl Băsescu lasă acum să se înţeleagă că şi viitorii parlamentari vor fi la fel de ticăloşi. Un singur lucru poate fi înţeles dintr-o atît de radicală viziune: dl Băsescu, în realitate, contestă însuşi electoratul care trimite aceşti ticăloşi în Parlament, şi, implicit, partidele din care ei provin. Dl Băsescu, pur şi simplu, nu suportă funcţionarea democratică a instituţiilor statului decît în măsura în care ea îi e favorabilă.

Ceea ce preşedintele nu pare să înţeleagă atunci cînd îşi pune la punct planurile delirante – nu văd ce alt cuvînt s-ar potrivi celor afirmate de el serile trecute – este că, după dizolvarea Parlamentului, va fi obligat să organizeze alegeri, iar aceste alegeri vor conduce la constituirea unui legislativ aproape identic cu cel pe care-l va fi dizolvat. Şi aşa mai departe... Pentru că, oricît l-ar sîcîi acest lucru, PDL nu va obţine niciodată 99,5 %.

Auzindu-l, ne putem închipui că, în fond, dlui Băsescu i-ar place să poată interzice partidele (cu excepţia PDL) şi să desfiinţeze Parlamentul, care, oricum, nu face decît să adăpostească o mînă de conspiratori. Deocamdată, o astfel de mişcare nu-i e la îndemînă. Dar, cine ştie?, poate în viitorul mandat…

Simptome prezidenţiale

„Lovitura de stat permanentă". În mod paradoxal, titlul unui pamflet pe care François Mitterrand îl scria în 1964 contra lui Charles de Gaulle pare să reflecte, patru decenii mai tîrziu, situaţia instituţională şi politică a României de azi.

Mitterrand îi reproşa marelui său adversar adoptarea Constituţiei franceze din 1958 şi folosirea ei în scopul instaurării unei dicaturi personale. „Numesc regimul gaullist o dictatură pentru că, în definitiv, acesteia i se aseamănă cel mai bine, pentru că el tinde, ineluctabil, către întărirea continuă a puterii personale, pentru că o schimbare a direcţiei nu mai depinde de el. E posibil ca această dictatură să se instaureze în ciuda lui de Gaulle. E posibil ca, printr-un gest de complezenţă, acest dictator să fie definit cu un nume mai amabil – consul, podestat, rege fără coroană, fără mir şi fără strămoşi. Atunci, ea îmi apare încă şi mai de temut."

Fireşte, nu se poate afirma despre de Gaulle că ar fi devenit un dictator – ca probă, el s-a retras în ziua cînd, consultat prin referendum, poporul i-a spus pentru prima oară „nu". Dar textul constituţional pe care îl gîndise în funcţie de formidabila lui statură politică, siluit în 1991 de dl Iorgovan şi transformat într-un surogat plin de ambiguităţi, este aplicat astăzi în România de oameni care nu au nici rigoarea, nici probitatea lui de Gaulle, ceea ce-i conferă, în sfîrşit, un caracter cu adevărat periculos. Astfel, peste timp, pamfletul lui Mitterrand devine, involuntar, profetic pentru o ţară de care, în 1964, probabil nici nu se sinchisea.

Este, în acelaşi timp, util şi instructiv exerciţiul transpunerii citatului de mai sus – cu necesara schimbare a numelui celui împricinat – în actualitatea politică românească. Deocamdată, nici despre preşedintele Băsescu nu se poate spune că ar fi un dictator. Însă, spre deosebire de generalul de Gaulle, „întărirea continuă a puterii personale" este o tentaţie de care el nu e ferit şi care poate conduce la rezultate greu de prevăzut. Totul merge prost, ne spune de doi ani încoace dl Băsescu, adăugînd că nimeni nu e capabil să îmbunătăţească starea lucrurilor. Nimeni, desigur, în afară de el însuşi. Încet-încet, preşedintele îşi construieşte astfel soclul de mîntuitor, pe care se însingurează în încercarea disperată de a tămădui racilele ţării. Cine e destul de bun, destul de curat pentru a-l ajuta în această sacră misiune?, pare să se întrebe preşedintele. Şi tocmai insinuarea, fără încetare repetată, a însingurării între răi şi strîmbi constituie limpede premiza (şi dovada) voinţei sale de înmulţire a puterilor. Sigur, gesturile şi sfaturile care ne-ar putea însănătoşi se lasă încă aşteptate, iar remediile sugerate subliminal nu promit nimic bun. Totuşi, preşedintele acumulează, pentru binele nostru, pîrghiile de comandă. Iar acele fragmente ale vieţii publice care nu pot fi – sau nu se lasă – controlate dintre zidurile preşedinţiei nu merită să existe: li se aplică deci tehnica anihilării prin discreditare.

Domnul Băsescu are două trăsături de caracter care, pentru un om politic – şi, a priori, pentru un şef de stat – constituie defecte grave: imprevizibilitatea şi impetuozitatea. Combinate cu lipsa manifestă a unei culturi politice serioase, acestea se manifestă, atît în acţiunile interne, cît şi în cele externe, printr-o surprinzătoare şi contraproductivă brutalitate. Este foarte posibil ca omul Traian Băsescu să fie foarte agreabil în relaţiile lui private; este cert, însă, că politicianul Traian Băsescu prezintă în chip îngrijorător – încă de pe vremea sabotării guvernului CDR sau a insta-lării forţate în fruntea PD – toate simptomele înclinaţiei către ceea ce François Mitterrand numea „lovitura de stat permanentă". Şi dacă nu i se poate aplica nici numele „mai amabil" de consul, nici acela de rege fără coroană, ne putem închipui că i-ar place în continuare să fie ceea ce marinarii văd în căpitanul vasului: primul la bord după Dumnezeu. În textul său, Mitterrand persifla „tactica deliberată a unei puteri, care, pentru a cîştiga iniţiativa, forţează totdeauna evenimentul" şi o aşeza printre tehnicile de predilecţie ale despotismului ce nu-şi spune numele. Dar nu e oare tocmai aceasta politica practicată la Bucureşti de doi ani încoace?…

Pană de locomotivă

În 2004, alianţa Dreptate şi Adevăr l-a considerat pe Traian Băsescu drept cea mai bună „locomotivă"electorală. Rezultatul alegerilor a arătat că lucrurile nu stăteau chiar aşa: la legislative s-a cîştigat cu o diferenţă mică, iar la prezidenţiale Băsescu a fost departe de a-l zdrobi pe adversarul lui (care, de altfel, l-a depăşit în primul tur).

Patru ani mai tîrziu, „locomotiva" a obosit jucîndu-se de-a frînatul, iar „trenul" pe care-l trage după sine – faimosul partid prezidenţial – a convins mult mai puţini clienţi decît se bănuia. Concluzia e limpede: Băsescu nu e de nici un ajutor pentru PDL, iar PDL nu e de nici un ajutor pentru Băsescu. Combinaţia nu e funcţională şi, dacă s-ar da dovadă de puţină logică, ea ar trebui să se termine printr-o ruptură rapidă. Ceea ce, în treacăt fie spus, ar da loc unui spectacol destul de amuzant.

Sînt sigur că ultima ieşire a lui Traian Băsescu —
dizertînd paranoic pe tema unei lovituri de stat îndrep-
tată împotriva lui şi anunţînd că e hotărît să declanşeze
o criză instituţională şi politică extrem de gravă — a
tras mult în jos scorul PDL. Dacă aceasta este ex-
plicaţia rezultatelor, e semn bun pentru luciditatea po-
litică a alegătorilor.

Emil Boc a anunţat acum cîteva săptămîni că,
dacă pierde alegerile, îşi dă demisia din fruntea PDL.
Ar fi un gest poate specatculos, dar perfect inutil. Mult
mai inteligent din partea lui ar fi să se ducă la Traian
Băsescu şi să-i spună că PDL încetează să mai fie un
partid prezidenţial, din moment ce acţiunile nesocotite
ale preşedintelui se traduc prin sancţionarea de către
alegători a formaţiunii pe care o conduce. Ar fi, de alt-
fel, nu numai inteligent: acest gest util ar putea pune
capăt prea lungii crize politice pe care tot Traian
Băsescu a stîrnit-o.

Dacă PDL vrea să supravieţuiască, singura
soluţie pe care o are la îndemînă este să se descoto-
rosească de Traian Băsescu — om al conflictelor şi al
trădărilor —, dar şi de inconsistentul Theodor Stolo-
jan, personajele din pricina cărora partidul a primit
o palmă electorală.

Aş adăuga încă un lucru. Intelectualii prezidenţiali
au fost şi ei de rău augur pentru PDL. Campania iste-
rică sau lacrimogenă la care s-au dedat n-a servit la
nimic. Dimpotrivă. Aşadar, ar fi cuminte, mi se pare,
ca PDL să aleagă între masa electorală şi propa-

gandiştii contraproductivi: Patapievici, Ungureanu, Mihăieş, etc. Propagandişti care, de altfel, ar trebui să facă o cură de tăcere după deserviciul pe care l-au făcut PDL.

Pe marginea mizeriei

De-a lungul anilor pe care i-am petrecut departe de plaiul dîmboviţean, am pierdut legătura cu anumite forme – îndeobşte agresive – ale sub-culturii neaoşe. Nu cred, de pildă, să fi ascultat vreodată o manea – ceea ce, recunosc, mă pune într-o situaţie de jenantă inferioritate faţă de unele genii ale naţiunii, care s-au declarat gata să promoveze această formă de exprimare a mahalalei.

În starea de ignoranţă în care mă aflu, cu mintea şi sufletul nepregătite pentru experienţe-limită, mi-a fost dat să privesc două clipuri de campanie ale PDL – sau, mai precis, două interpretări şi două puneri în scenă aproape identice ale aceluiaş „cîntec".

Nu vreau să calculez cîţi săraci ar fi putut fi hrăniţi şi timp de cîte săptămîni cu banii care s-au cheltuit pentru producerea acestor imbecilităţi mîrlăneşti. Nu vreau nici măcar să aflu dacă intelectualii pe care-i persecută toată lumea din cauza angajării lor politice au fost străbătuţi de un fior estetic-solidar privind porcăriile pe care le generează partidul lor favorit. (Mi-ar place, totuşi, să-i ştiu pe aceşti domni închişi într-o sală în care, timp de 24 de ore, să li se cînte în buclă „Ei cu ei şi noi cu voi”!)

Dincolo, însă, de aceste amănunte neînsemnate, un singur lucru mă interesează cu adevărat. Au fost produse ororile publicitare ale PDL în ruptură totală cu realitatea socio-culturală a masei electorale, sau se adresează ele unui public despre care se ştie că le poate aprecia?

Sînt tentat să dau acestei întrebări un răspuns afirmativ – ceea ce implică imediat o constatare pe cît de simplă, pe atît de neplăcută: dacă numărul românilor care pot fi atraşi cu asemenea producţii a devenit destul de mare încît să le justifice existenţa, înseamnă că ne aflăm în faţa unei involuţii socio-culturale a României. Ceea ce, mergînd mai departe, înseamnă că şcoala, presa, clasa politică şi în special intelectualii care se pretind formatori de opinie şi-au ratat în mod dramatic misiunea. O vastă dezbatere sociologică ar fi necesară. Dacă nu cumva e prea tîrziu.

Mesagerul pogorît de pe Olimp

În vremurile glorioase ale Uniunii Sovietice, de fiecare dată cînd partidul avea nevoie să răspîndească o idee sau să transmită un mesaj vreunui interlocutor străin, fără ca ideea sau mesajul să aibă aerul de a emana direct din structurile partidului, se recurgea la o tehnică foarte simplă: „Pravda" publica sub semnătura uni ziarist inexistent un articol care conţinea punctul de vedere al Kremlinului.

Subtilii strategi de la Dîmboviţa s-au gîndit că ar putea să adapteze condiţiilor locale tehnica sovietică, dar, ca de obicei, rezultatul e mai degrabă rizibil.

În loc de „Pravda" e folosit *Evenimentul Zilei* şi, la nevoie, *Cotidianul*. Rolul ziariştilor inexistenţi îl joacă de cele mai multe ori − ceea ce nu e cu totul

---

* Textul a fost scris în 2008, cînd politica editorială a acestui ziar era de orientare „cotrocenistă".

inexplicabil – conducerea Institutului Cultural Român. Comentariul de azi [24 noiembrie 2008] al dlui Mircea Mihăieş este o perfectă ilustrare a acestei practici. Pe de o parte, el îi propune / promite (dar în numele cui?) lui Dinu Patriciu „garanţii că va beneficia din partea democraţilor măcar de statutul asigurat de pesedei". Pe de altă parte, tratîndu-l pe dl Tăriceanu de „şantajist" specializat în „note isterice", autorul pare să transmită că alianţa PNL-PDL s-ar putea renaşte doar din grămăjoara de cenuşă pe care ar produce-o necesara imolare a actualului prim-ministru [Călin Popescu-Tăriceanu]. Comanditarii dlui Mihăieş recomandă apoi ca „vocile tinere" ale PNL să fie lăsate să se exprime mai sonor şi, în acelaşi timp, să fie impusă cîte o surdină dnei Nicolai şi dlui Haşotti.

Dl Mihăieş este, o dată în plus, transmiţătorul unui mesaj. Faptul că-şi îndeplineşte misiunea în public, printr-un articol despre care nu vedem de ce ar putea interesa pe cititorul de rînd, reprezintă o formă clară, grosolană, de influenţare a strategiei interne a unui partid, sau, altfel spus, de forţare a mîinilor. Într-o ţară normală, demersul funcţionarului public Mihăieş, în plină campanie electorală, s-ar fi terminat urît. În România, el va primi fără îndoială o acadea de la Cotroceni, sau poate chiar mai multe.

În fond, din toată povestea asta care devine din ce în ce mai sordidă, mi-ar fi plăcut să cunosc un detaliu: cine, cînd, sub ce formă i-a comandat dlui Mihăieş articolul de azi? Ah, dac-aş fi putut fi invizibil, alături de ilustrul comentator-moralist, cînd i s-au dictat principalii termeni ai tîrgului!… Mi-ar fi plăcut să văd dacă, în timp ce lua note, îşi păstra acelaşi aer de triumf superior, sau dacă nu cumva fusese redus la stadiul de umilă ureche şi supus condei…

Lămurirea unei confuzii

De nenumărate ori, de-a lungul ultimilor trei ani, am auzit sau citit fraza: „Patapievici e omul lui Băsescu." Perfectă inepţie! Oricine examinează cu puţină atenţie miezul scandalului care agită zilele acestea presa şi mediile culturale va înţelege că realitatea e exact pe dos: Băsescu e omul lui Patapievici. Demonstraţia e simplu de făcut.

În calitate de preşedinte al României, Traian Băsescu a cerut deschiderea arhivelor – gest despre care s-ar putea presupune că urmărea un efect: deconspirarea ticăloşilor. Tot în calitate de preşedinte al României, Traian Băsescu a condamnat regimul comunist, definindu-l drept ilegitim şi criminal – gest despre care s-ar putea presupune că urmărea şi el un efect: delegitimarea ticăloşilor. Ne-am fi putut, în mod logic, aştepta ca aceste decizii să fie aplicate cu precădere şi fără nici un fel de excepţie în chiar ins-

100

tituţia al cărei preşedinte de onoare este Traian Băsescu: Institutul Cultural Român. Aşa ar fi fost firesc dacă Patapievici ar fi fost omul lui Băsescu. Departe însă de a se lăsa impresionat de capriciile prezidenţiale, Horia-Roman Patapievici, subalternul lui Traian Băsescu (cel puţin în banala ierarhie vizibilă), a decis reciclarea pe criteriul „excelenţei academice" (probată cu diplome false) a unor ticăloşi din anturajul său mai mult sau mai puţin imediat şi trimiterea lor în străinătate ca demni reprezentanţi ai României portocalii.

Dacă ne-am fi aflat în scenariul propus de diverşi observatori neatenţi – „Patapievici e omul lui Băsescu" – acesta din urmă, şef direct al lui Patapievici, ar fi reacţionat într-un fel sau altul. Dar ce face Traian Băsescu? Tace şi, iertată fie-mi brutalitatea cuvîntului, înghite. Subalternul lui îi calcă în picioare cele mai spectaculoase realizări – şi, în acelaşi timp, cele mai solide argumente electorale –, iar el tace mîlc. De ce? Pentru că nu el decide. Pentru că, aşa cum spuneam, Băsescu nu e decît omul lui Patapievici.

Acum, că acest adevăr a fost dezvăluit şi demonstrat, ar fi bine ca opiniei publice să i se spună ce se va întîmpla în continuare. Se va începe, negreşit, cu revoluţia morală pe care mulţi o aşteaptă în zadar de ani şi ani. Liderul ei va fi, aşa cum e firesc, Sorin Antohi. După ce ne vom obişnui cu rigorile noii orînduiri – căci ea va fi foarte riguroasă – mai-marii Institutului Cultural Român şi principalii săi abonaţi se vor constitui într-un colegiu prezidenţial auto-desemnat pe viaţă. Cei care au îndrăznit să cîrtească în timpurile din urmă, bine avuţi la ochi de pe acum, vor fi expediaţi în colonii de tăcere forţată. Ceilalţi vor primi, pînă la adînci bătrîneţi, burse de studii. Şi, cum revoluţiile îşi elimină întotdeauna adevăraţii iniţiatori, Traian Băsescu, fostul om al lui Patapievici, va fi tras pe linie moartă. I se va asigura totuşi un mod de subzistenţă: în schimbul unei modeste diurne, el va putea să ţină conferinţe în filialele din străinătate ale Institutului Cultural Român despre inutilitatea deschiderii arhivelor Securităţii sau despre sterilitatea condamnării comunismului.

7 august 2008

Încornoraţii preşedintelui

Campionii militantismului intelectual-politic de pe malurile Dîmboviţei sînt pe punctul să fie tîrîţi de înşişi idolii lor într-o fundătură mocirloasă pe care o infestează pucioasa infernului. Fundătură, de altfel, a cărei ştergere de pe orice hartă a strategiilor puterii o cer în cor de mai bine de doi ani.

Cît venin a curs din penele lor în tot acest timp împotriva guvernului liberal, vinovat de a conduce ţara cu sprijinul parlamentar al PSD! Cîte imprecaţii! Cîte condamnări definitive! Iar în ultima vreme ce campanie au dezlănţuit ei pentru mîntuirea noastră de acest blestem!

Ce spuneau aceşti domni ireproşabili? Ei cereau naţiunii – îi ordonau, aproape – să-şi dea voturile singurului partid capabil să ne scape de „ciuma roşie" (Mircea Mihăieş *dixit*). Numai PDL, partidul anti-comunist al preşedintelui anti-comunist, putea, în viziunea lor atît de perspicace, să ţină departe de putere lighioana pesedistă.

Iată, însă, că alegătorii nu i-au ascultat. Rezultatul votului a fost mai puţin clar decît vroiau ei. Şi iată că tocmai partidul-pavăză îi va aduce la putere, cu binecuvîntarea luminosului cîrmaci, pe cei de care trebuia să ne scape. Sub ochii lor se va petrece împerecherea impură, iar ei, ascunşi între faldurile alcovului, vor fi siliţi să-şi privească încornorarea.

E limpede că intelectualii prezidenţiali au fost traşi pe sfoară. E limpede că au fost puşi să scrie fără să li se spună că, între timp, la Cotroceni se cîntăreau toate posibilităţile post-electorale. E limpede că au fost folosiţi, dar s-a evitat să li se facă anume confidenţe.

Ne-am putea aştepta la răzbunări crîncene, la neiertătoare scăpărări ale spiritului, la rechizitorii strălucite urmate de condamnări fără drept de apel. Asta, fireşte, dacă am avea de-a face cu oameni de onoare – ceea ce, din păcate, e departe de a fi adevărat. Aşadar, cu aerul de demnitate ţîfnoasă a individului pipernicit care tocmai a primit o pereche de palme în public de la un hamal plin de muşchi, ei desemnează ţapul ispăşitor şi formulează stupida acuzaţie: liberalii sînt de vină! După ce PNL şi-a dovedit ticăloşia lăsîndu-se sprijinit de PSD, acelaşi PNL, arătîndu-se prea pretenţios, a forţat acum bietul PDL să se arunce taman în braţele „ciumei roşii".

O demonstraţie ridicolă, care siluieşte logica, dar are totuşi meritul de a ne arăta că abisurile necinstei merită uneori să fie observate.

Îngerii de poleială

La începutul lui 1977, „conducerea de partid şi de stat", printr-unul dintre organele sale de propagandă (foaia *Săptămîna*), i-a dat o notă bună lui Eugen Ionescu, afirmînd că, spre deosebire de alţi „năimiţi" (cuvînt cu care ne plictiseşte acum, în cam acelaşi spirit, Mircea Mihăieş), ilustrul scriitor nu critica politica României.

Agasat pe drept cuvînt de această inepţie, Eugen Ionescu i-a adresat lui Ceauşescu o scrisoare pe care a citit-o el însuşi la *Europa Liberă* în februarie 1977. Text strălucit, în care luciditatea politică se întîlneşte mereu cu o ironie fără milă, o astfel de scrisoare ar fi putut provoca sinuciderea imediată a unui destinatar normal. Ceea ce, evident, Ceauşescu nu era.

La sfîrşitul acestui rechizitoriu, „Conducătorul" era sfătuit să abandoneze puterea şi să se refugieze în Franţa, unde Eugen Ionescu făgăduia să-i găsească un post de cizmar, potrivit calificării sale, iar „savantei de renume internaţional" un loc de servitoare într-o casă bună.

De ce-mi amintesc tocmai azi de această superbă satiră? Poate din pricina luminoşilor de pe Dîmboviţa – încornoraţii lui Băsescu. Idolul lor e pe cale să-i trădeze, iar cauza pe care au servit-o cu abnegaţie (în schimbul posturilor sau ajutoarelor bancare) pare să se transforme într-un mărunt, mizerabil calcul electoral al marinarului lor preferat. La urma urmei, sprijinindu-l cu atîta îndîrjire, se poate spune că au sprijinit revenirea la putere a PSD – adică refacerea FSN, duşmanul lor de moarte. (Asta, fireşte, dacă ei ar fi în măsură să aibă cu adevărat duşmani de moarte.)

Acum, cînd răul e pe cale de a fi săvîrşit, ce le mai rămîne? Tăcerea sau exilul. Tăcerea nu le stă în fire. De ce n-ar veni, deci, aceşti domni în Franţa, unde ar putea aspira la posturi pe măsura faimei lor dîmboviţene: editorialişti la cele mai mari cotidiene, profesori la cele mai celebre facultăţi, autori adulaţi ale celor mai celebre edituri. De ce? Pentru că, perfect necunoscuţi în afara spaţiului mioritic, nimeni nu-i bagă în seamă de 20 de ani şi nimeni nu le oferă nimic, în timp ce Eugen Ionescu chiar ar fi putut să-i procure lui Ceauşescu o foarte onorabilă slujbă de cizmar. Cumplită soartă – să fii atît de mic cînd eşti atît de mare!

Vrînd prea mult, mizînd aiurea, ei s-au condamnat la un viitor cel puţin îndoielnic: acela de a rămîne poleiala lucioasă în care un personaj primitiv îşi înveleşte murdăriile.

Esenţa gîndirii băsesciene

Dl Patapievici tocmai şi-a publicat subtila analiză săptămînală [10 decembrie 2008]. Greu de citit, greu de digerat, fără vreun alt interes decît acela de a ne lămuri care e *singura* cheie a politicii româneşti: ura lui Patriciu contra lui Băsescu. Totul, pare-se, poate şi chiar trebuie explicat prin această ură obsesională. Tot aşa cum, am putea spune, e obsesională încercarea dlui Patapievici de a explica totul prin această ură. (Să nu uităm, totuşi, că acum două săptămîni Mircea Mihaieş transmitea un mesaj de asigurare dinspre Băsescu-PLD către Patriciu, mesaj în care nu era vorba despre nici o ură.)

Şi mai aflăm ceva la fel de important: iubirea pentru marele cîrmaci e intactă. Băsescu are dreptate, Băsescu e bun, Băsescu e înţelept, Băsescu e salvatorul României, pe care o va izbăvi chiar şi de alianţa negociată sub propriile sale auspicii. O alianţă de care, fireşte, doar liberalii sînt responsabili.

Realizez abia acum că dl Patapievici şi prietenii lui băsescieni s-ar fi descurcat foarte bine pe vremea cînd A. Toma scria „Silvester Andrei salvează abatajul". Atunci, ar fi ajuns chiar academicieni.

Prin „ajustare" către „nesimţire"

Dl Traian Ungureanu s-a transformat din sinu-
cigaş dezabuzat* în cronicar optimist al dezastrului.
Cîteva fraze din editorialul lui de azi [13 decembrie
2008] merită să fie examinate şi chiar reţinute.

„Nu urmează paradisul, dar ajustarea PSD
contează." Iată, în sfîrşit, o explicaţie a alianţei care se
întrezăreşte din ce în ce mai limpede. PDL şi alegătorii
săi acceptă sacrificiul compromisului numai pentru a
„ajusta" PSD. Adică viitorul guvern va fi, pentru oa-
menii dlui Geoană, un fel de şcoală de corecţie pe care
o vor absolvi „ajustaţi" (potrivit modelului băsescian,
se vede treaba).

„Anul [2009] în care se joacă supravieţuirea sau de-
zastrul." Suprevieţuirea înseamnă realegerea lui
Băsescu! O asemenea enormitate nu s-a scris nici măcar

---

* El îşi anunţase intenţia de a se arunca din înaltul unui bloc dacă
PDL nu cîştiga alegerile legislative din 2008.

despre Ceauşescu. Ceea ce nu e puţin lucru! Dar, dac-o luăm aşa, în 2014, cînd Băsescu, vrînd-nevrînd, o să trebuiască să se retragă, ce-o să se întîmple? România se va auto-suspenda de pe lista statelor lumii? Pe de altă parte, ne-alegerea lui Băsescu ar însemna dezastrul. Iată-l, deci, transformat în singura, ultima posibilitate de mîntuire a României. Delirul e complet – şi e periculos.

„Orice guvernare fără PDL înseamnă gîtuirea proiectului Băsescu." Care proiect? Unde a fost publicat „proiectul Băsescu"? Cîte pagini are? Sau o fi pur şi simplu vorba de profunda zicere „să trăiţi bine"?

„Să sperăm că intrăm într-o eră de nesimţire productivă." Adică, probabil, un alt fel de altă „democraţie originală". Chiar mai originală decît cealaltă. Din altruism, devotat cauzei unei Românii evoluate politic, PDL îşi va suporta cu nesimţire misiunea de „ajustare" a PSD. Evident, ne putem gîndi şi la o altă formă de nesimţire, mai simplă (aceea, de pildă care-i împiedică pe unii să se arunce de pe bloc) şi care, dacă e menţinută la un nivel convenabil, poate produce în continuare onorarii şi drepturi de autor…

Permanenţa potrivniciei

După ce sinistrul domn Mihăieş va fi chemat într-o lume mai dreaptă, publicistica sa va putea îmbogăţi rafturile Bibliotecii Academiei cu o inegalabilă „Antologie a inepţiei politice", al cărei subtitlu ar putea fi „Agresivitatea la comandă". Iau cîteva exemple din cronica pe care o publică azi [15 decembrie 2008], ca în fiecare luni – există, pare-se, o lege perversă a periodicităţii catastrofelor –, în foaia *Răcnetul Cotrocenilor*.

„La fel au ieşit din istorie şi ţărăniştii, incapabili să înţeleagă momentul politic, măcinaţi de ambiţii personale şi de o incalificabilă lipsă de caracter." Timp de patru ani, dl Mihăieş s-a zbătut în *România Literară* împotriva lui Emil Constantinescu şi a Convenţiei Democrate. Iar acum, tot el îi face responsabili pe ţărănişti de ceea ce a izbutit propriul său idol, gloriosul cîrmaci: distrugerea Convenţiei şi sufocarea definitivă a PNŢ.

A cui o fi oare „incalificabila lipsă de caracter"? A victimei, a călăului sau a cronicarului? Acesta din urmă a fost totuşi în stare, în numai şase ani, să uite că-l considera pe Băsescu un „mafiot unsuros" devorat de „orgolii mitocăneşti" şi să-l aşeze în rîndul personajelor providenţiale.

„El [PNL] a ajuns la maturitate şi onorabilitate în perioada Stoica-Stolojan." Chiar aşa să fie? Să-i amintesc dlui Mihăieş cu ce se ocupa Valeriu Stoica înainte de 1989? Nu cred că e nevoie. Să-i amintesc, de asemeni, dlui Mihăieş că Theodor Stolojan administra, tot înainte de 1989, anumite conturi în care intrau, între altele, şi beneficiile profitabilului export de copii către adoptanţii din străinătate? Halal onorabilitate!

„Prin trădarea liberală, am ajuns în situaţia coşmarescă (sic!) de a-i vedea aliindu-se le guvernare pe oamenii lui Geoană şi pe oamenii lui Boc." Pentru a putea vorbi de trădare trebuie să fi preexistat o înţelegere. S-a parafat oare o înţelegere între liberali, pe de o parte, şi PDL sau Băsescu, pe de altă parte? Dimpotrivă! Timp de aproape patru ani, n-am văzut decît voinţa lui Băsescu de a-i îndepărta pe liberali, cu orice preţ, de la guvernare. În ce a constat, deci, trădarea liberală? Dl Mihăieş, în fond, acuză acum PNL de a nu fi acceptat o alianţă [cu PDL] despre care el însuşi a scris că ar fi un dezastru pentru imaculata formaţiune prezidenţială.

„Se vede treaba că pentru Dinu Patriciu un PNL de optsprezece la sută e un partid prea mare. Drept care, s-a gîndit să-l trimită la micşorat, într-o opoziţie de batjocură, terfelind şi ideea de democraţie, şi pe aceea de liberalism." Aşadar, a fi în opoziţie terfeleşte ideea de democraţie! Democraţia, pare-se, nu poate fi decît aflarea la putere. Este, fără îndoială, lecţia pe care i-a dat-o dlui Mihăieş total-democratul Traian Băsescu. Dincolo de acest detaliu, rămîne „obsesia Patriciu", ca o plictisitoare, neinspirată patologie psihiatrică.

„Aroganţa prostească a omului său [al lui Patriciu] de paie, Tăriceanu, a făcut României un rău incomensurabil." Cu alte cuvinte, rezistenţa în faţa de multă vreme afirmatei şi nefericitei idei a lui Băsescu de a-l numi pe Stolojan în fruntea guvernului e o dovadă de aroganţă prostească. Cine nu se supune capriciilor prezidenţiale – care nu au alt mobil decît realegerea în 2009 – face un rău incomensurabil ţării.

Mi se întîmplă – deşi n-am dorit niciodată răul nimănui – să visez o insulă pustie pe care aş trimite, pentru o coabitare de cîţiva ani, pe dl Băsescu şi pe adoratorii lui din lumea intelectuală. Sînt convins că dl Mihăieş ar trăi această experienţă cu o anume tristeţe.

Dincolo, însă, de aceste simpatice reverii, paradoxul care mă îngrijorează constă în faptul că virulenta producţie jurnalistică a dlui Mihăieş şi a semenilor săi este, în fond, paralelă cu cea a scribilor agresivi de la *Săptămîna* anilor '70 şi stîrneşte adeziuni similare, cantitativ şi calitativ. Nimic nu deosebeşte atacurile de azi ale intelectualilor băsescieni împotriva Partidului Naţional Liberal de atacurile de ieri ale intelectualilor „săptămînişti" împotriva Europei Libere! Demersul – „cine nu e cu noi e împotriva noastră" – este acelaşi, purtător al aceleiaşi vocaţii totalitare.

Bufoneria

„O, ţară tristă şi plină de humor" scria Bacovia cu o cerneală care parcă gemea de durere.

De-atunci, însă, am izbutit să anulăm tristeţea. Iar umorul s-a dus pe apa sîmbetei. Azi nu mai sîntem decît o ţară ridicolă, condusă de un preşedinte ridicol, înstăpînit peste un partid ridicol. Şi toţi, împreună, ne dăm în spectacol în faţa omenirii, fericiţi cînd, din greşeală, sîntem băgaţi în seamă.

Va avea cineva răbadrea să numere de cîte ori, din 2004 încoace, geniul politic Băsescu a suspinat în public din lipsă de Stolojan? Se va face cîndva un inventar al declaraţiilor prin care eram anunţaţi că va veni ziua cînd extrema pricepere a lui Stolojan va repara tot răul făcut de „ciumaţii" liberali?

Iată că ziua mult aşteptată şi la fel de mult promisă a venit. Stolojan a fost desemnat, numit, prezentat drept salvator (încă unul în lunga serie de falşi salvatori ai României). Ne-am bucurat prosteşte cînd presa internaţională s-a apucat să scrie despre el şi ne-am simţit liniştiţi cînd ne-a asigurat că „în zece zile" va face guvernul.

Dar iată că, încă o dată, Theodor Stolojan se retrage în ultima clipă. Trebuie să fii Băsescu (şi cîntăreţii lui de curte) ca să consideri că acest personaj este un om politic şi că are cea mai vagă idee despre ce înseamnă interesul naţional!

Băsescu s-a făcut de rîs cu marioneta lui. PDL s-a făcut de rîs cu eternul lui candidat. Şi, în măsura în care astfel de retrageri şi răsturnări repetate par a ne fi specifice, politica românească s-a făcut de rîs.

...Şi nu numai atît: am aflat cu ocazia asta cît de stabilă va fi guvernarea pe care ne-o pregăteşte Băsescu. Ceea ce, fără îndoială, e vestea cea mai proastă de multă vreme încoace.

Pomeneam zilele trecute involuntara manifestare de umor a lui Traian Ungureanu, care se apucase să scrie despre „proiectul Băsescu" şi mă întrebam în ce o fi constînd acesta.

Astăzi am primit răspunsul: „proiectul Băsescu" este o succesiune de improvizaţii şi cîrpeli, soldate cu tot atîtea eşecuri, pe care încearcă să le repare cu alte improvizaţii şi cîrpeli.

Ceea ce s-a întîmplat azi – dezicerea, în cîteva ore, a unui om pe care Băsescu îl promovează de 4 ani şi pe care l-a numit acum 5 zile – arată destul de limpede că marinarul din dealul Cotrocenilor habar n-are pe ce lume se află, că navighează fără busolă şi că, dacă e lăsat să-şi facă de cap, riscă să afunde România într-o criză ce ar putea să-i fie fatală.

Inconvenientele votului de auto-protest

În ultimii aproape douăzeci de ani, de cîte ori au fost chemaţi la urne, românii s-au aflat în situaţia neplăcută de a alege între un rău mai mare şi un rău mai mic. Sau, cel puţin, asta era ceea ce afirmau cu obişnuitul lor fatalism.

Acum trei săptămîni, cei mai mulţi dintre ei au ales să nu aleagă – ceea ce ar putea fi un paradox, dacă ne gîndim la constanţa cu care, decenii de-a rîndul, prima speranţă pe care o murmurau era aceea de a avea dreptul la alegeri libere. Îi dezgustă, pare-se, azi, clasa politică, de parcă această clasă politică n-ar fi ieşită din rîndurile lor şi aleasă de ei. Este un adevăr neplăcut, dar care trebuie spus şi repetat: această clasă politică, aşa cum e ea, oglindeşte o bună parte a societăţii. Băsescu, de pildă, a fost ales pentru că mult prea mulţi români se recunosc în mitocănia lui jovială. Becali este un model pentru foarte mulţi adolescenţi cărora le-ar place să devină ca el. În general, pe oamenii publici care au furat mult îi invidiază cei care sînt frustraţi pentru că n-au furat destul sau pentru că nu au de unde fura.

Scîrba pe care o provoacă politicienii e un moft, un capriciu care nu se justifică prin nimic. România va avea o clasă politică normală atunci cînd societatea românească va fi în măsură să-i dea naştere. Iar pentru asta societatea trebuie să-şi regăsească reperele de normalitate. Pe care, deocamdată, nu pare dispusă să le caute.

Prin votul anemic, neclar din 30 noiembrie [2008], românii – protestatari împotriva lor înşile – şi-au cedat dreptul de a alege, şi-au delegat libertatea de opţiune, dînd naştere unui haos care îi va costa scump. Ei i-au dat lui Traian Băsescu o procură în alb, care convine de minune temperamentului său autoritar. Iar Traian Băsescu a folosit această procură pentru a alege în numele românilor răul cel mai mare: acela care nu e numai rău, ci e şi şubred.

E pentru prima oară cînd absurdul se adaugă absurdului. Rezultatele nu se vor lăsa mult aşteptate.

Aspiraţia dictaturii la originalitate

Citesc şi recitesc articolul dlui Cătălin Avramescu, şef al Cancelariei prezidenţiale, intitulat simplu, clar, monstruos: „Democraţie fără opoziţie". Dată fiind funcţia pe care o ocupă acest personaj, îmi închipui că în momentul în care se aşterne pe scris pentru a prezenta publicului proiectul unui nou sistem politic, n-o face fără aprobarea celui în subordinea căruia se află. Ceea ce-mi dă o senzaţie extrem de neplăcută, obligîndu-mă să întrevăd, pentru România, perspective teribile.

Pe scurt, dl Avramescu afirmă (sprijinindu-se cu totală lipsă de onestitate intelectuală pe o serie de exemple care sînt, în realitate, accidente electorale) că opoziţia parlamentară e inutilă în democraţie. De aici, în treacăt fie spus, ar trebui să deducem că opoziţia parlamentară este, în schimb, utilă în regimurile dictatoriale şi deci că ea ar exista în astfel de regimuri!

Cum se poate ajunge, potrivit dlui Avramescu, la dispariţia opoziţiei? Foarte simplu. Urmînd exemplul regelui Carol al II-lea, cu al său partid unic, Frontul Renaşterii Naţionale. În România n-ar mai trebui să existe decît „un singur partid puternic, liberal-conservator”. Lăsînd la o parte absurditatea ideologică a unei astfel de construcţii, ajung la singura întrebare ce merită pusă după citirea acestui manifest delirant: nu-i aşa că, într-o ţară în care există un singur partid, alegerile devin inutile?

Iată, deci, că s-a ajuns la ce anunţam acum un an şi jumătate: dinspre Cotroceni s-a pogorît ideea unei democraţii şi mai originale decît cea dinainte: fără partide, fără alegeri, cu un Parlament inutil, dar cu un preşedinte mulţumit. Eventual, numit pe viaţă de către un grup de prieteni. Ştim despre cine e vorba…

Haosul ca proiect

Din nou despre accesul de umor al lui Traian Ungureanu, care ne vobea despre „proiectul Băsecu", şi despre faptul că mă întrebam în ce ar putea consta acest „proiect".

Faptul că preşedintele negocia pe îndelete cu PSD în timp ce adepţii lui îl aclamau ca fiind campionul luptei anti-PSD nu poate fi considerat ca un *proiect*, ci doar ca o dovadă suplimentară a lipsei de caracter. Şi, în acelaşi timp, ca manifestarea unui instinct strategic destul de şubred.

Acum, Traian Băsescu anunţă că nu ştie încă dacă va fi candidat la propria-i succesiune şi că decizia pe care o va lua va depinde în mare măsură de activitatea guvernului.

Din această afirmaţie rezultă, în primul rînd, că preşedintele intenţionează să folosească guvernul drept trambulină electorală: dacă echipa lui Emil Boc reuşeşte să devină populară, atunci Traian Băsescu va profita de această popularitate în propria sa campanie. E surprinzător că PSD acceptă un asemenea rol!

Dar spusele preşedintelui au o altă – şi mult mai gravă – semnificaţie: el pare să mărturisească, în fond, că nu ştie nici ce va face, nici cum se va descurca guvernul şi că nu are o deplină încredere în capacitatea acestuia de a merge pe drumul cel bun. Altminteri n-ar anunţa că decizia de a candida sau nu pentru un al doilea mandat depinde în mare măsură de activitatea guvernamentală.

Acest haos pare a fi „proiectul Băsescu"! În realitate, a avea un proiect politic înseamnă să ştii ce vrei şi ce poţi să faci, înseamnă să-ţi fixezi o direcţie şi s-o urmezi consecvent. Există oare vreo consecvenţă în activitatea preşedintelui? Azi, de pildă, el spune că nu se va opune îngheţării salariilor, după ce a tunat şi fulgerat împotriva guvernului Tăriceanu, care declara că nu există bani pentru mărirea aceloraşi salarii. Dar promulgarea anunţată a tuturor legilor pe care le-a criticat şi pe care un nou Parlament ar putea să le amendeze în mod sbstanţial? Şi cîte alte exemple nu s-ar putea găsi!?

Proiectul înseamnă construcţie, iar Traian Băsescu – în afară de propria sa carieră şi de propria sa bunăstare – n-a construit niciodată nimic. El este, dimpotrivă, un abil demolator – şi aş fi gata să pariez că alianţa cu PSD, atras la guvernare pentru a scoate din foc castanele PDL, a fost gîndită ca un mod de punere în aplicare a acestui talent negativ. Însă cel care, pînă la urmă, va avea cel mai mult de pătimit de pe urma „proiectului Băsescu" va fi tot omul de pe stradă, puţin rezistent prin natură la bătaia vîntului din toate direcţiile.

Promisiuni vechi şi noi

Acum cîteva zile, Traian Băsescu ne asigura că România va fi mai puţin afectată de criza economică mondială decît alte ţări. Ieri, acelaşi Traian Băsescu spunea: „O altă capcană a bugetului ar putea fi dorinţa guvernului de a acoperi angajamentele electorale. În primul rînd, aceste angajamente sînt pentru patru ani şi ideea că trebuie acoperite acum, cînd sîntem conştienţi de o stare de criză economică, nu poate duce decît la colaps.”

Trec peste formularea agramată „a acoperi angajamentele" – de ce oare să le acopere? ca să nu se mai vadă? – formulare ce înlocuieşte, în discursul prezidenţial, corectul „a respecta angajamentele". Dar poate că verbul „a respecta" nu face parte din vocabularul lui Traian Băsescu.

Aşadar, „sîntem conştienţi" de criză. Dar săptămîna trecută nu eram? Săptămîna trecută ne orbea optimismul şi ne făcea inconştienţi? Sau s-a întîmplat ceva între timp. Şi dacă da, ce?

„Mi-aş dori ca şi bugetarii să fie bine plătiţi, dar o acţiune iresponsabilă de a duce în salarii resursele financiare ale bugetului ar fi o mare eroare." Sigur. Asta spunea şi guvernul Tăriceanu şi pentru asta a fost beştelit de preşedinte. Care preşedinte, împreună cu şefia PDL, afirma că *imediat* după alegeri – adică după ce se va scăpa de guvernul liberal – salariile vor creşte substanţial. Nu cumva e prea devreme pentru astfel de măsuri? Nu cumva Traian Băsescu a decis că în buzunarul bugetarilor vor intra salarii mărite doar la momentul oportun – adică în pragul campaniei pentru alegerile prezidenţiale? Şi că tot atunci vor fi „acoperite" şi angajamentele electorale?

Dacă e aşa, înseamnă că Traian Băsescu şi prietenii lui politici consideră că românii nu sînt nimic altceva decît nişte automate de votat în favoarea lor. O ipoteză destul de mizerabilă – dar, din păcate, plauzibilă.

P.S. Mă întreb dacă Institutul Cultural al dlui Patapievici, privat de fonduri printr-o măsură „criminală" a guvernului Tăriceanu, va primi, prin mult-aşteptatul nou buget, compensaţia care-i fusese promisă cu fermitate de către mentorul politic de la Cotroceni…

Minunata dezamăgire

„Din punct de vedere ideologic, actualul guvern mi se pare un construct contra naturii” spune dl Mircea Mihăieş la începutul comentariului său de azi [2 februarie 2009] din oficiosul Cotrocenilor. (*Construct*? O bazaconie lingvistică, menită să evite probabil mult prea banalul *construcţie*.) Pentru acest motiv, de altfel, autorul se plasează „în tagma dezamăgiţilor” care consideră că „departe de a fi soluţia, guvernul e problema”. Fireşte, de la bun început, sîntem informaţi că vinovat de zămislirea – încă din 2007! – a acestei aiureli executive e Călin Popescu-Tăriceanu, care suferă de „paranoia prim-ministeriatului”. (Dacă s-ar fi uitat într-un dicţionar, dl Mihăieş, filologul şi exportatorul de cultură, ar fi aflat că paranoia este o boală a cărei trăsătură principală e teama de persecuţii. Ceea ce n-are nici o legatură cu ce vrea el să spună.) „Prin urmare, oricît m-ar irita, acesta e guvernul Ro-

128

mâniei, şi nu cel din reveriile mele sau ale altora ca mine."

Ajuns astfel cam la un sfert al textului, dl Mihăieş cîrmeşte brusc şi se transformă în apărător al guvernului care-i produce dezamăgirea, aşezîndu-se drept pavăză în calea celor care îndrăznesc să emită rezerve sau − culmea abjecţiei! − critici. Şi n-o face oricum! Stilul lui devine vibrant, bombastic-virulent, ajungînd să amintească − am mai scris-o − articolele împotriva *Europei Libere* pe care le publica pînă la lehamite *Săptămîna*. Doar acolo am mai găsit fraze de genul: „otrava ţişnită din cuiburile de mitralieră ale trusturilor perfect aliniate în lupta contra duşmanului comun: guvernul PSD-PLD". Doar acolo era vorba despre „transfugi năimiţi". (Dl Mihăieş atacă sistematic ziariştii care îndrăznesc să nu-l adore pe Traian Băsescu şi-i defineşte drept „năimiţi". Am căutat în mai multe dicţionare, dar n-am găsit nicăieri vreo urmă a sensului peiorativ pe care dl Mihăieş ţine morţiş să-l dea verbului a năimi. El înseamnă „a (se) angaja cu plată (pentru o muncă)". Pornind de aici, putem spune că însuşi dl Mihăieş e „năimit" de ziarele în care îşi publică odele prezidenţiale − căci nu mi-l închipui scriind pe gratis.)

„În spatele acestuia [guvernul PSD-PDL] se profilează ţinta-ţintelor, preşedintele Băsescu." Iată unde trebuia ajuns! Băsescu în ipostaza de ţintă a ţintelor, omul cel mai ameninţat din istoria României, eroul care răzbate prin hăţişul otrăvit al loviturilor de stat, victima permanentă. (Închipuirea unor neîncetate şi insidioase urzeli care-l ameninţă pe cîrmaciul de la Cotroceni este tocmai simptomul cel mai grăitor al delirului paranoic pe care-l evoca brambura dl Mihăieş la începutul textului.) Ţinta-ţintelor! Parcă-l vezi pe Băsescu traversînd cîmpul de luptă, singur în faţa unei întregi armate, cu gloanţele şuierîndu-i împrejurul capului.

Să fie oare aceste articole o parte a unei strategii gîndite la Cotroceni? Se încearcă oare, prin intermediul intelectualilor prezidenţiali şi a prozei lor repetitive pînă la obsesie, inducerea în opinia publică a unei griji psihotice faţă de şeful statului? În orice caz, tehnica e de origine comunistă: şi atunci ar fi trebuit să fim cu toţii „strîns uniţi în jurul partidului", care făcea faţă eroic atacurilor „imperialismului revanşard". Dacă înlocuim termenii ajungem exact la ce scriu de patru ani încoace intelectualii lui Băsescu.

Închei cu o întrebare pe care mi-am mai pus-o, dar care merită să fie repetată: ce vor face adoratorii lui Traian Băsescu atunci cînd acesta nu va mai fi preşedinte? Se vor sinucide? Vor emigra în Sahara? Se vor organiza într-un club de nostalgici frustraţi? Vor face o chetă naţională pentru producerea prin clonare a unui nou Băsescu, apt constituţional să asume alte două mandate? Sau vor urma, pe bani publici, o cură de dezintoxicare?

Preşedintele cel bun şi neputincios

De-a lungul „epocii de aur" puteau fi auziţi destul de des diverşi naivi (Lenin îi numea „idioţi utili") exclamînd: „Eeee, dac-ar şti Ceauşescu!… Da' ce, credeţi că lui i se spune că nu se găseşte carne (sau că e frig în apartamente, sau că au dispărut medicamentele…)" Subînţelesul acestor fraze, pronunţate totdeauna cu un soi de năduf mărinimos, era cît se poate de limpede: „Nu n-ar lăsa el, tătucul, în mizerie, dar nemernicii dimprejurul lui îl mint ca să-şi ascundă propria incompetenţă şi micile turpitudini." Astfel, Ceauşescu era inocentat printr-o imaginară neştiinţă.

Lui Traian Băsescu i se aplică acum acelaşi regim de indulgenţă, cu o singură modificare: „El vrea să facă, să schimbe, vă spun eu că vrea, dar nu-l lasă *ăştia!*" Timp de patru ani am auzit această afirmaţie, *ăştia* fiind evident, în imaginarul naivilor, liberalii. Băsescu, animat de cele mai bune intenţii, gata să pornească le luptă ca *să trăim bine*, era ținut de liberali într-un teribil prizonierat. În cazul lui, neputința era mecanismul inocentării – ceea ce, în fond, e mult mai umilitor decît ceea ce se pretindea despre Ceaușescu.

Cînd a fost organizată sceneta de la Parlament, în cadrul căreia președintele a condamnat comunismul (după lungi ezitări și discrete refuzuri), mi-am arătat scepticismul, spre marea furie a celor căzuți în transă. După un an, cînd am întrebat de ce condamnarea a rămas fără efecte, mi s-a răspuns că se opuseseră liberalii. „Bine, încercam să argumentez, dar liberalii au înființat un Institut pentru cercetarea crimelor regimului comunist și doar asta l-a hotărît pe Băsescu să improvizeze comisia Tismăneanu.” Eram privit cu ironie disprețuitoare: „Praf în ochi!” Îmi încercam, atunci, ultimul argument: „Dar oare nu tot liberalii au depus în Parlament un proiect de lege a lustrației?” Iar răspunsul venea imediat, greu de certitudini: „Tot ei o să-l și respingă!” Ei bine, n-a fost să fie așa. Propriul partid al președintelui care a condamnat comunismul a scos de pe ordinea de zi a Parlamentului proiectul legii lustrației. Din păcate, o asemenea enormitate – acreditată, în plus, de îngăduința oarbă a opiniei publice – nu se poate întîlni decît în România.

După alegerile din noiembrie, am sperat că discursul interlocutorilor mei se va schimba. Speranță deșartă! În continuare, îi aud căinîndu-se: „Băsescu ar face multe, dar nu-l lasă, nu poate…” Și totuși, nu e nevoie decît de o fărîmă de luciditate pentru observa că Băsescu are preşedinţia, are majoritatea parlamentară pe care a visat-o, are guvernul alcătuit pe gustul său, are serviciile secrete şi are încă o serie de instituţii pe care le controlează. Nu e nevoie, cred, să fii un analist politic subtil pentru a înţelege că dacă nici în condiţiile astea Traian Băsescu „nu poate", înseamnă că n-o să poată niciodată, că este incapabil să asume funcţia în care a fost ales şi că, prin urmare, prezenţa la Cotroceni a unui om care de cinci ani „vrea" (dar ce?) şi „nu poate" (dar din cauza cui?) reprezintă pur şi simplu un pericol pentru ţară.

Agramaţii neînvăţatului preşedinte

„Bugetul alocat deplasărilor externe face *posibil* corecta reprezentare..." informează Administraţia Prezidenţială într-un comunicat difuzat de *Antena 3*. Dar pentru scrierea corectă ce buget ar trebui alocat preşedinţiei? N-ar fi bine să se organizeze un curs seral de limba română pentru slujbaşii dlui Băsescu? Şi chiar pentru el însuşi, la o adică... După ce-l vor fi absolvit, oamenii de la Cotroceni vor fi poate în stare să scrie: „Bugetul alocat deplasărilor externe face *posibilă* corecta reprezentare..."

Pe de altă parte, date fiind *succesurile* diplomatice ale lui Traian Băsescu şi anti-publicitatea pe care o face ţării personalitatea lui îndoielnică, ne putem întreba dacă n-ar fi fost mai judicios să i se taie cu totul bugetul pentru deplasări externe.

P.S. De multă vreme mă întreb de ce site-ul oficial

al preşedinţiei are adresa „presidency.ro". România o
fi devenit ţară anglofonă fără să fim înştiinţaţi? Simbol
al unei slugărnicii păguboase, această adresă pare să
fie ultimul vestigiu al clebrei axe Bucureşti-Londra-
Washington, cea mai strălucită izbîndă diplomatică a
lui Traian Băsescu. Şi cea mai inutilă…

Nedemnii văzuţi prin lentilă

Dl Horia-Roman Patapievici ne deschide iar ochii:
„El [Traian Băsescu] a vorbit, a arătat cu degetul şi a ameninţat. Sunt aceste lucruri suficiente ca să explice o asemenea mobilizare de ură împotriva sa? Evident, nu. Pentru cei care s-au coalizat împotriva sa e foarte important ca în locul său să se afle un om de-al lor. De ce e atât de important? Ca de obicei, plutim în incertitudine. Numai cine cunoaşte aranjamentele din culise poate evalua în mod corect care e miza şi de ce e atât de important ca Traian Băsescu să fie înlăturat. Singurul fapt cert este că toţi cei care îl vor ieşit din joc sunt ei înşişi nedemni să ia parte la joc."

Dacă scrisul meu ar avea cea mai mică însemnătate, dacă aş putea să aspir măcar la o umilă supravieţuire undeva, la marginea umbrei pe care dl Patapievici o aşterne cu nobilă generozitate pe faţa pămîntului, mi-aş îngădui să-i sugerez să-şi reformuleze ultima frază. Pentru că el, de fapt, vrea să ne spună că toţi cei care vor vota împotriva lui Băsescu sînt nedemni să voteze. Iată cum trebuie citită luminoasa idee a marelui democrat.

Cred, pe de altă parte, că a venit vremea să facem o propunere care, între alţii, l-ar putea satisface pe dl Patapievici: anihilarea tuturor celor care nu-l iubesc pe dl Băsescu, a tuturor celor care îşi permit să-l contrazică sau (o! monstruozitate) să-l critice, a tuturor celor care îndrăznesc sau ar putea întrăzni vreodată să-i fie contracandidaţi, fie şi la jocul de table. Să propunem, totodată, ridicarea definitivă a dreptului de vot tuturor celor pe care un miros fetid sau o privire chiondorîşă îi denunţă a nu fi alegători ai lui Băsescu.

P.S. Mă gîndesc uneori că dl Patapievici – ca şi dl Mihăieş – ar fi fericit şi şi-ar trăi în sfîrşit împlinirea spirituală dacă l-ar avea, vreme de 20 de ani, pe Traian Băsescu drept singur interlocutor. Sau, poate, mă înşel. Poate ar fi pedeapsa pe care ar merita-o.

O iubire imposibilă: el şi ei

Să ne închipuim pentru o clipă că Traian Băsescu n-ar fi ajuns ce a ajuns. Să ni-l închipuim în continuare căpitan de vapor, băutor zdravăn şi client al cîtorva bordeluri de mîna a doua pe diverse continente, făcîndu-şi micul trafic cu blue-jeans şi casete video – trafic tolerat de „organele competente" în schimbul notelor informative redactate la fiecare întoarcere din călătorie –, regăsindu-şi din cînd în cînd modestul apartament de la Constanţa, organizîndu-şi contabilitatea nu totdeauna clară împreună cu nevasta lui casieriţă la Alimentara şi, printre hăhăieli îngălate, isprăvind vreo sticlă de tărie în compania socrului miliţian.

Nu e de loc greu să ne închipuim toate astea pentru că ele au existat cu adevărat.

Să facem însă un exerciţiu de imaginaţie ceva mai complicat. Să ne închipuim că, în toiul unui astfel de

mic zaiafet, pe nepusă masă sună la uşă. Hăhăielile
scad imediat, vreun obiect care n-ar trebui să se afle
acolo, dar care totuşi e încă la vedere, dispare ca prin
farmec, dna Băsescu se duce să deschidă şi, spre uşura-
rea tuturor, din vestibul se aud voci de prieteni. Într-o
clipă, împrejurul lui 'nea Traian apar şi Pleşu, şi Pata-
pievici, şi Liiceanu, şi Ungureanu, şi Mihăieş, cu toţii
surîzători, gata să chefuiască pînă-n zori cu şugubăţul
amfitrion, să facă schimb de grosolănii şi să-i asculte
amintirile deocheate.

Spre deosebire de primul exerciţiu, o astfel de
scenă e greu, imposibil chiar de închipuit. Pentru că
dacă Traian Băsescu ar fi rămas un simplu marinar in-
cult şi mitocan, nici unul dintre vîrfurile spirituale ale
neamului nu s-ar fi *umilit* întreţinînd cu el relaţii ami-
cale. Le-ar fi crăpat obrazul de ruşine dacă i-ar fi obli-
gat cineva să publice fie şi numai un rînd despre el (sau
ar fi scris, ca Mircea Mihăieş, acum nici zece ani, texte
infamante). Ar fi putut să-l vadă căzut într-o rigolă şi
nici nu le-ar fi păsat.

Azi, pentru că România e o ţară mereu „originală",
Traian Băsescu a încetat să fie un simplu marinar. Dar
e tot ce s-a schimbat în viaţa lui. Celelalte trăsături şi
le-a păstrat intacte. Nici un dram de cultură, nici o
umbră de civilizaţie nu s-au lipit de el. În afară de
combinaţii discutabile, nimic *interesant* nu se petrece
în spiritul lui, iar asta se vede de la o poştă. Cu ce-i
atrage, atunci, pe Marii Preoţi ai gîndirii româneşti?
De unde le vine fascinaţia − exprimată cu monotonia

cu care exhibiţioniştii îşi descoperă zi după zi neînsemnata nuditate – pentru performanţele politice mediocre ale acestui personaj mediocru? Nu izbutesc să
găsesc decît o singură explicaţie: mirajul puterii. Cineva i-a explicat lui Traian Băsescu un lucru simplu:
aceşti oameni au depăşit 50 sau chiar 60 de ani; în România, nu se ştie de ce, li s-a atribuit statutul de genii,
dar, dacă treci Dunărea, Prutul sau Tisa, nu mai ştie
nimeni cine sînt şi nimănui nu-i pasă de ei; un vag gust
de ratare a început, uneori, să li se cuibărească în fundul gîtlejului. Geniile naţiunii nu sînt genii decît în
grup, prin decretul prietenilor. Dacă – Doamne
fereşte! – dispar mîine, peste zece ani sînt pierduţi în
uitare. Şi ce i-ar putea consola de acest previzibil dezastru? Posturi! Funcţii! Demnităţi publice! Traian
Băsescu a înţeles această simplă demonstraţie şi a făcut
din ei demnitari – adică intelectuali oficiali. La rîndul
lor, ei au înţeles tîrgul care li se propunea pe negrăite
şi care se reduce la o meschină evidenţă: trebuie să-l
ţineţi pe Băsescu sus, pentru că, altminteri, vă prăbuşiţi
cu el.

Demersul e vulgar pentru nişte îngeri ai spiritului
– dar se pare că angelismul însuşi poate fi vulgar cînd
e practicat între Cotroceni şi Dîmboviţa cu singurul
scop de a justifica mărunte privilegii.

De ce scriu toate astea? Pentru că de pe scena
unde se mimează această iubire contra naturii s-a
înălţat penibil gîndirea băsesciană despre cultură.
După ce a studiat textele culturo-manageriale ale lui

Patapievici, inegalabilul preşedinte l-a felicitat astfel pe
omul care a radiografiat fecala mioritică[*]: „[…] apre-
ciez curajul de a nu merge pe cultura de patrimoniu şi
a merge pe cultura modernă." Extremă necinste din
partea autorului versiunii originale a acestei strategii
(Patapievici); vertiginoasă mîrlănie intelectuală din
partea epigonului (Băsescu).

---

[*] „Privit la raze X, trupul poporului român abia dacă este o
umbră: el nu are cheag, radiografia plaiului mioritic este ca a fe-
calei: o umbră fără schelet, o inimă ca un cur, fără şira spinării."
(Horia-Roman Patapievici, *Politice*, Bucureşti, Ed. Humanitas,
1996.

Democraţie cu de-a sila

Îmi aduc aminte de manifestaţiile din decembrie 1989. Se striga mult, se cereau multe. Şi, printre cereri, prima, cea mai ferventă, repetată pînă la obsesie, era: „Vrem alegeri libere!"

N-au trecut decît 20 de ani de atunci. Şi am ajuns să deplîngem dezinteresul românilor pentru alegeri, să ne îngrozim de absenteismul în creştere constantă, să discutăm despre oportunitatea instituirii votului *obligatoriu*.

S-au plictisit oare românii de democraţie? Întrebarea mult mai gravă e alta: au vrut ei oare vreodată *adevărata* democraţie, sau tot ce-şi doreau era să scape de Ceauşescu, să aibă frigiderele pline şi să ştie că pot face orice le trece prin cap?

Ceea ce s-a instituit în 1990 nu este un sistem democratic, ci un haos de libertăţi conflictuale, o confuzie de nedescris între limitele niciodată definite ale libertăţii fiecăruia. De unde o societate al cărui singur mod de funcţionare sînt scandalurile. Montesquieu scria că libertatea oricărui individ se sfîrşeşte acolo unde începe libertatea celorlalţi. E primul lucru de care nu ţine seama societatea românească!

Ameţitoarea atracţie a abandonului a pus stăpînire pe simţul civic al românilor.

La fel, interesul firesc pentru spaţiul politic, din care ar fi trebuit să decurgă participarea raţională, s-a înnecat în obsesia permanentă a politicii mărunte, care s-a transformat în dezgust.

Trăncăneala politică la fiecare colţ de stradă a rămas cea pe care o descria Caragiale acum o sută şi mai bine de ani. Societatea românească nu a evoluat politic, în primul rînd, pentru că, în ciuda pretinselor competenţe, ea suferă de o teribilă incultură politică. Imensa majoritate a celor care o conduc se află în aceeaşi situaţie, incapabili să transmită ceea ce ei înşişi nu ştiu.

Viaţa cetăţii este o succesiune de acte politice. În România, ea este o întrepătrundere de certuri, de intrigi şi de interese personale. Atîta vreme cît această mizerabilă stare de lucruri se va prelungi, românii vor continua să fie obsedaţi de politică fără să o înţeleagă şi ferindu-se, în fond, de ea.

Votul obligatoriu nu va schimba nimic. Înmulţirea buletinelor albe sau ornate cu desene anatomice nu va da nici o indicaţie despre starea societăţii şi nu va însemna începutul, atît de mult aşteptat, al normalităţii.

Publicitate şi turism*

Cotidianul *Le Figaro* este unul dintre cele mai citite din Franţa, ceea ce-i permite să practice tarife publicitare foarte ridicate. Ca orice mare ziar, *Le Figaro* publică o serie de suplimente, în general săptămînale, care, prin varietatea lor, atrag şi mai mulţi cititori. Unul dintre acestea este *Figaroscope*, ghid al activităţilor culturale pariziene.

Săptămîna trecută, *Figaroscope* conţinea un caiet publicitar intitulat „Bucarest! & autres merveilles roumaines" (Bucureşti! & alte minuni româneşti).

Un interviu cu dl ambasador Teodor Baconschi – cunoscut pînă nu demult în România sub numele Baconsky – deschide broşura publicitară. Urmează o pagină dedicată Institutului Cultural Român, mic

---

* În iunie 2009, pe vremea cînd Elena Udrea era ministrul Turismului.

exerciţiu de auto-măgulire pe bani grei, conţinînd o scurtă (dar edificatoare) discuţie cu Horia-Roman Patapievici.

În total, 11 pagini (dacă socotim şi coperta) de publicitate turistică. În principiu, ar putea fi un lucru normal. Numai că această producţie nu se ridică peste nivelul tristei banalităţi, nu e cîtuşi de puţin incitantă şi, în fond, aminteşte reclamele turistice pe care le publica ONT-ul pe vremea lui Ceauşescu.

Desigur, ne putem întreba care e scopul acestei iniţiative, taman la jumătatea lui iunie, cînd categoria socială căreia i se adresează *Le Figaro* şi-a făcut de mult planurile de vacanţă. După cum ne putem întreba – şi chiar trebuie să o facem! – cît a costat redactarea şi publicarea broşurii.

Avem de-a face cu o investiţie, iar investiţiile trebuie să fie rentabile. Altminteri, se numesc pierderi sau bani aruncaţi pe fereastră. Am senzaţia – şi nu din antipatie pentru dna Udrea – că tardiva şi insipida publicitate din *Figaroscope* se înscrie în ultima categorie.

Incitată cine ştie de cine, agenţia *Mediafax* a răspîndit informaţia cu accente de entuziasm roz:

„Cotidianul francez *Le Figaro* a publicat un supliment special al săptămînalului *Figaroscope* dedicat atracţiilor turistice din România, materialul fiind intitulat «Bucureşti şi alte minuni româneşti», informează Institutul Cultural Român (ICR). România se afişează cu toate culorile sale estivale în paginile unui supliment special al săptămînalului Figaroscope [...] publicat cu sprijinul ICR, prin programul Publishing Romania, şi al Ministerului Turismului."

Ştiu că lumea de azi – şi în special România – nu mai acordă mare însemnătate cuvintelor. Dar totuşi…

Cum poate Institutul Cultural Român să pretindă că este vorba despre „un supliment special" pe care *Figaroscope* l-a „dedicat" atracţiilor turistice din România – sau, pentru a formula lucrurile mai pe şleau, cum poate ICR să mintă atît de grosolan?

Nimeni n-a „dedicat" nimic României! Broşura în cauză nu este altceva decît un caiet (sau un insert) publicitar. Un banal spaţiu publicitar. Menţiunea „Publi-Info", imprimată pe fiecare pagină, e cea mai vizibilă probă. Nu *Figaroscope* a „dedicat" României acest spaţiu, ci România l-a cumpărat de la *Figarscope*. Nuanţa contează!

Cît a costat această operaţiune nu vom afla probabil prea curînd. Aflăm însă o ciudăţenie: insertul a fost publicat „cu sprijinul ICR [în primul rînd, *n. a.*] şi al Ministerului Turismului [în al doilea rînd, *n. a.*]". Această iniţiativă se înscrie fără îndoială în cadrul campaniei de promovare turistică lansată la Paris (în limba engleză!) de către dna Udrea, cu ocazia turneului internaţional de tenis *Roland Garros*. Dar ce legătură are Institutul Cultural Român cu asta? Unde scrie că Institutul Cultural Român trebuie sau are dreptul să investească în campanii de publicitate turistică?

Din moment ce Institutul Cultural Român este cel care face, în presa românească, publicitatea acestei publicităţi – încercînd în mod lamentabil să o prezinte ca pe o măreaţă realizare – înseamnă că implicarea sa e mai mare decît cea a Ministerului Turismului. E oare normal să fie astfel?

Confruntarea idolatrilor

Dl Horia-Roman Patapievici revine în chip neinspirat asupra paralelei antibasescism-antisemitism. Într-o ţară în care Traian Băsescu are o cotă de popularitate mai mult decît onorabilă şi în care acelaşi Traian Băsescu va cîştiga probabil un al doilea mandat prezidenţial, dl Patapievici luptă fără istov împotriva urii care-l înconjoară pe preşedinte, asemuindu-l pe acesta cu evreul mereu prigonit! Notez că există organizaţii care s-au arătat întotdeauna sensibile la comparaţii de acest fel şi care, în mod ciudat, de data aceasta nu reacţionează.

Desele ieşiri băsescofile ale dlui Patapievici îmi amintesc un fapt care, deşi recent, a trecut în uitare. Înainte de alegerile de anul trecut, conducerea Senatului a cerut înfiinţarea unei comisii care să ancheteze asupra activităţii Institutului Cultural Român. Pe atunci senatorul Adrian Păunescu trebuia să facă parte din această comisie. Direct pus în cauză, dl Patapievici şi-a dat ochii peste cap şi a deplîns îndelung – însoţit de corul tragic al abonaţilor ICR – soarta strîmbă care-l punea la cheremul scribului oficial al lui Ceauşescu.

Sigur, Băsescu nu e Ceauşescu – deşi poate că în străfundurile sufletului lui şi-ar dori să fie. În esenţă, însă, între atitudinea lui Păunescu înainte de 1989 şi cea a lui Patapievici după 2004 nu e nici o diferenţă. Fiecare, în felul său şi în funcţie de circumstanţele politice ale momentului, a practicat cultul personalităţii. Fiecare a contribuit la intoxicarea spiritului public. N-ar fi fost, aşadar nici o dramă morală dacă Adrian Păunescu l-ar fi judecat pe Patapievici (ceea ce nu s-a întîmplat, căci ideea înfiinţării comisiei a fost abandonată în mod foarte oportun), după cum n-ar fi nici un cîştig moral dacă s-ar nimeri ca dl Patapievici să-l judece într-o zi pe Adrian Păunescu.

Dl Mihăieş sau arta de a fi monoton

Pentru a suta oară, dl Mircea Mihăieş îşi consacră comentariul săptămînal din *Evenimentul Zilei* Partidului Naţional Liberal. Şi tot pentru a suta oară, el nu face altceva decît să împroaşte cu fiere. Evident, ar trebui contabilizate şi producţiile biliare cu care murdăreşte paginile *României Literare*, dar e nevoie de prea mult curaj pentru a citi două articole de dl Mihăieş într-o singură săptămînă.

Activitatea publicistică a dlui Mihăieş – considerat ca actor de frunte în trupa gînditorilor băsescieni – nu e interesantă decît dintr-un singur punct de vedere: tenacitatea greoaie cu care cade mereu în păcatul pe care îl reproşează altora. Îndrazneşte cineva să-l critice pe marinarul din Dealul Cotrocenilor? Cuprinsă de pandalii, pana dlui Mihaieş aşterne paragrafe întregi de recriminări împotriva „năimiţilor" şi a „resentimentarilor". I se cere, în schimb, dlui Mihăieş să-i atace pe liberali? Nimic mai firesc! Demnitarul căruia legea îi interzice să se implice în activităţi politice se-aşterne pe înjurat ca la uşa cortului.

Monotonă până la ultima expresie a plictisului, acţiunea publică a dlui Mihăieş – miel blînd care a supt de la toate oile – este, înainte de toate, profund necinstită. Căci nu văd în ce alt fel ar putea fi definită frenezia cu care om se îndărătniceşte să facă întotdeauna ceea ce critică la alţii.

„Ehei, tinere maestre, una scrii şi alta fumezi!" i-a spus într-o zi Arghezi, expertul în cotituri, unui lăutar al cincinalelor pe care l-a prins fumînd o ţigară americană. Oare dlui Mihăieş ce i-ar spune?

…Şi încă o întrebare: dacă s-ar întîmpla minunea ca Traian Băsescu să dispară din viaţa publică românească, oare cît timp ar rezista în opoziţie verticalul d. Mihăieş şi prietenii lui?

Eterna (şi inutila) căutare
a candidatului providenţial

A evoca azi [17 martie 2009], cu opt luni înainte de alegerile prezidenţiale, un candidat ideal care *ar putea* fi scos din anonimat şi propulsat în faţa alegătorilor, înseamnă nu *a asuma*, ci *a crea* un risc major, inutil, care s-ar adauga incertitudinilor electorale şi aşa destul de mari.

A afirma, cu opt luni înainte de alegeri, că *oricine* ar fi confruntat în turul al doilea cu Traian Băsescu ar învinge, a porni la luptă cu siguranţa victoriei, înseamnă a-şi tăia singur craca de sub picioare.

În politică – şi în special în politica românească – nimic nu e cu adevărat previzibil, iar prea marea încredere în speculaţii şi previziuni aleatorii a dus de multe ori la eşecuri. Electoratul este o masă heteroclită, incontrolabilă, pe care o animă milioane de interese personale adesea divergente şi care optează pentru un candidat sau altul în funcţie de simpatii şi antipatii subiective, imposibil de anticipat. O masă oscilantă care-şi poate schimba părerile de la o oră la alta. Un singur cuvînt, un singur gest poate provoca bascularea înspre o tabără sau alta. Este o gravă eroare să se atribuie acestei mase intenţii certe de vot cu opt luni înainte de alegeri şi într-un moment în care nici măcar nu sînt cunoscuţi toţi candidaţii.

Criza internaţională – economică, fireşte, dar cu din ce în ce mai multe consecinţe politice şi, din păcate, ideologice – se conjugă în România cu o situaţie care se tulbură pe zi ce trece. De patru ani şi mai bine, în fruntea ţării se află un om care nu are nici un program, care nu a reuşit să-şi atragă nici o simpatie printre omologii lui străini şi care nu urmăreşte nimic altceva decît să-şi destabilizeze adversarii. Guvernul, instalat de trei luni, se agită steril în meandrele unei coaliţii imposibile, se luptă să scape din propriile-i capcane, se împotmoleşte neputincios în nesfîrşite contradicţii – pe scurt, face orice în afară de ceea ce ar trebui să facă, adică să guverneze.

A pretinde că s-ar putea ieşi din această situaţie prin experienţa promovării necunoscutului providenţial e mult mai mult decît periculos. Ultimii 20 de ani au arătat, de altfel, că astfel de iniţiative duc la rezultate lamentabile. Diverşii oameni providenţiali pe care i-au descoperit şi promovat grupuri neinspirate n-au contribuit cu nimic la binele colectiv, „salvatorii” dispărînd repede în neantul din care fuseseră extraşi. Dar oare Băsescu n-a fost el însuşi prezentat drept un astfel de om providenţial? Şi nu ne-au ajuns anii pe care i-a petrecut trăgînd sfori la Cotroceni? Nu ne-am lecuit?

În condiţiile actuale, România nu-şi poate permite riscul experimentelor politice.

Haosul audăugat haosului

Ceea ce s-a întîmplat ieri la Bucureşti[*] poate fi şi a fost analizat în multe feluri. Aş vrea, totuşi, să adaug cîteva observaţii.

În primul rînd, despre inconştienţa unui preşedinte care a găsit de cuviinţă să adauge criza politică unei crize economice grave, pe care incompetenţa guvernului nu făcuse, oricum, decît s-o agraveze. Un preşedinte care-şi pune soarta electorală mai presus decît soarta ţării, făcînd o mişcare despre care îşi închipuie că e dibace, dar care, la urma urmei, ar putea să se întoarcă împotriva lui. Un preşedinte care are vocaţia distrugerii coaliţiilor şi a partidelor.

Apoi, despre două formaţiuni politice, PDL şi PSD, care deşi au fost suficient de puţin clarvăzătoare

___

* După revocarea ministrului PSD Dan Nica de către Traian Băsescu, PSD şi PC au părăsit guvernarea pe 1 octombrie 2009 lăsînd PDL în minoritate.

încît să nu înţeleagă că se vor otrăvi reciproc, au avut iluzia absurdă că ar putea să conducă împreună o ţară. Două formaţiuni care, în nouă luni de guvernare, nu s-au ocupat decît de propria lor supravieţuire, incapabile să înţeleagă prezentul şi, cu atît mai puţin, să conceapă viitorul.

În sfîrşit – şi din nou! – despre o Constituţie şchioapă care permite, dacă nu chiar le stimulează, toate derivele şi toate blocajele. O Constituţie care, paradoxal, nu este un îndrumar, ci un impediment. Pentru a cîta oară în 20 de ani, din pricina prevederilor ei tulburi, România se află în stare de haos politic? Pentru a cîta oară se dovedeşte că, în România, coaliţiile născute cu forţa din ambiguităţile ei nu pot funcţiona?

Criza declanşată ieri are – în primul rînd din pricina acestor ambiguităţi constituţionale – atîtea ieşiri posibile şi atît de asemănătoare în imperfecţiunea lor, încît e ca şi cum n-ar avea decît una singură: spre o nouă babilonie aidoma celor trecute.

Un preşedinte împotriva României

Echipa „de specialişti, fără nici un om politic" promisă de tandemul Băsescu-Croitoru a văzut lumina zilei. În ce mă priveşte, ea nu-mi provoacă decît două uimiri:

- De ce a fost nevoie de atîta vreme pentru a fi imaginată o asemenea banalitate compusă din oameni politici, fără nici un specialist?

- Cum e posibil ca o ţară să producă o asemenea cantitate de ridicol?

Mulţumită fanteziilor politice ale dlui Băsescu, România îşi pierde orice urmă de credibilitate pe scena internaţională. Dar nu numai atît. Mulţumită capriciilor politice ale aceluiaş personaj, România e paralizată, adîncită parcă „în somnul cel de moarte".

Criza în care se află ţara a fost provocată de propriul ei preşedinte. Continuarea şi agravarea crizei este tot opera propriului ei preşedinte. Îndărătnicia cu care dl Băsescu face rău ţării nu are decît un singur precedent: dictatura lui Ceauşescu.

Şi totuşi, peste cîteva săptămîni, o treime din alegători vor vota în favoarea sa, convinşi că el este un personaj providenţial, un salvator, omul care, timp de cinci ani, „a vrut, dar n-a fost lăsat".

Ce să mai crezi?...

Politică şi morală

La 20 de ani de la căderea regimului Ceauşescu, România este – pentru a cîta oară? – pusă în situaţia de a alege între doi moştenitori ai Frontului Salvării Naţionale, el însuşi avatar nereuşit al Partidului Comunist. Din nou românii s-au închis în cercul de relativitate al celor două rele: cel mare şi cel mic. În mod ilogic, alegătorii, altminteri vădit plictisiţi de monotona îngustime a acestei alternative, l-au eliminat pe candidatul liberal, al cărui principal merit este tocmai acela de a nu aparţine nici primei categorii, nici celei de-a doua. Această ciudată opţiune a lor a pus Partidul Naţional Liberal în dificila situaţie de a arbitra şi influenţa turul al doilea.

În comentariul său de azi, dl Patapievici aruncă anatema imoralităţii asupra deciziei liberalilor de a-l susţine pe Mircea Geoană. E, desigr, un punct de vedere – pe care, însă, dl Patapievici îl anulează imediat sugerînd că morală ar fi fost doar o alianţă a liberalilor sau a social-democraţilor cu partidul prezidenţial. Construcţia e neserioasă şi nu face nici o cinste gîndirii fizicianului-filozof. Ea are, totuşi, meritul de a ne atrage atenţia asupra unei realităţi pe care, de 20 de ani, refuzăm cu îndărătnicie să o vedem: politica e rareori morală, iar alianţele politice nu sînt niciodată.

O alianţă între două partide presupune în mod inevitabil, de-o parte şi de alta, concesii doctrinare şi tactice (dacă ar fi altfel, ar însemna că partidele în cauză sînt identice şi nu le-ar rămîne decît să fuzioneze), acordate temporar pentru atingerea unui scop comun. Aceste abdicări mutuale pot fi considerate, din punct de vedere ideologic, imorale, dar acuzaţia îşi pierde din consistenţă în măsura în care scopul urmărit este el însuşi moral. În cazul de faţă, ieşirea din criza gravă care afectează întreaga ţară şi pe care rămînerea lui Traian Băsescu la Cotroceni ar prelungi-o indefinit este un scop moral. Liberalii ar fi putut fi acuzaţi nu numai de imoralitate, ci şi de incoerenţă, dacă, după experienţa celor patru ani de guvernare sub preşedinţia dlui Băsescu, ar fi ales soluţia facilă a alianţei cu partidul prezidenţial. Oare PDL (care se pretinde liberal şi de dreapta) n-a guvernat aproape un an cu PSD fără ca asta să-i tulbure din cale-afară pe reveniţii la morală?

Mi se pare scabros felul în care intelectualii agitaţi au reuşit, vreme de cinci ani, să reducă viaţa publică românească la supravieţuirea politică a unui singur om

– Traian Băsescu –, după cum mi se pare imbecilă încercarea lor de a acredita ideea că orice politician, cu excepția lui Băsescu, e o canalie şi orice alegător care nu-l votează pe Băsescu un nemernic.

Rămîne de notat faptul că, din 1992 încoace, masa alegătorilor români, cu ajutorul unei legi electorale proaste şi a unui mod de scrutin la fel de prost, nu a fost în stare sau nu a vrut niciodată să dea ţării majorităţi clare. Au făcut oare intelectualii ceva pentru a schimba această sîcîitoare realitate? Nu. Şi totuşi, din ea decurg alianţele, compromisurile şi compromiterile pe care ei le înfierează steril, după cum tot din ea decurge starea de veşnică instabilitate în care, cu greu, supravieţuieşte România. Iată, pentru cei care se cred binefăcătorii naţiei, o temă de meditaţie mai interesantă şi sigur mult mai utilă (dar poate mai puţin rentabilă) decît practicarea pînă la saţietate a cultului lui Traian Băsescu.

Jumătate contra jumătate

Peste trei zile, aproximativ jumatate din alegatorii
români (sper, totuşi, că mai puţin de 50 %) îl vor vota
pe Traian Băsescu, omul care a stat cinci ani în fruntea
ţării, dar nu poate prezenta un bilanţ coerent, şi care
vrea un nou mandat fără să poată anunţa un program
serios. Lupta cu „mogulii", al cărei sens îmi scapă şi
care, de altfel, nu s-a concretizat în nici un fel, este un
simplu exerciţiu de demagogie ieftină care nu poate
ţine loc nici de bilanţ, nici de program.

Dintre alegătorii lui Mircea Geoană, o bună parte
vor da un vot negativ – nu în favoarea candidatului
PSD, ci împotriva lui Traian Băsescu –, ceea ce, pentru
viaţa politică a ţării, este un simptom negativ su-
plimentar.

Adepţii lui Traian Băsescu sînt fanatizaţi, ireduc-
tibili, gata la orice pentru a-i apăra dreptul de a ne mai
guverna încă cinci ani. Printre cei care îl vor vota pe

Mircea Geoană, mulţi o vor face fără pasiune, fie dintr-o inerţie a opţiunii de stînga, fie din resemnare.

Mai mult ca oricînd, România e ruptă în două. Mai mult ca oricînd, între cele două tabere s-a instalat o animozitate de neîmpăcat – dar numai una dintre ele e agresivă, gata să o sfîşie pe cealaltă. România traversează probabil cea mai profundă şi totodată cea mai paradoxală criză a ultimilor 20 de ani, Traian Băsescu – acest personaj lipsit de orice interes – reuşind performanţa de a o aduce în pragul războiului civil. Şi e neîndoios faptul că dacă se vor isca violenţe, ele vor trebui să fie imputate în foarte mare măsură propagandiştilor băsescieni, care, zi după zi, îşi incită trupele la adoraţie intolerantă. Citindu-le producţia, nu pot să nu-mi aduc aminte de acei nemernici care, în iunie 1990, aşteptau minerii la colţuri de stradă şi-i asmuţeau asupra trecătorilor.

Nimeni, mai ales după sondajele fanteziste pe care le-am văzut înaintea şi în timpul primului tur, nu poate prezice cu certitudine ce se va întîmpla duminică. Dar faptul că o jumătate din ţară s-a lăsat fanatizată de Traian Băsescu mi se pare că poate fi considerat ca un dezastru naţional.

Bilanţul neantului

Inevitabil, mă gîndesc la ultimii cinci ani [2004-2009] şi-ncerc să fac un bilanţ. În timpul mandatului lui Traian Băsescu s-au făcut o serie de lucruri bune – dar aceste lucruri se datorează guvernului Tăriceanu, pe care preşedintele a încercat în fel şi chip să-l saboteze. A urmat apoi un an în care la Palatul Victoria s-a aflat guvernul pe care şi-l visase Traian Băsescu – dar în acest an nu s-a mai făcut aproape nimic, iar ce s-a făcut n-a fost bun.

În ce priveşte acţiunea personală a preşedintelui, atît de virulent în timpul campaniei din 2004, atît de grăbit, atunci, să facă promisiuni, ea s-a limitat la dezlănţuirea şi întreţinerea unei serii nesfîrşite de intrigi şi scandaluri. Atît!

Simpatizanţii lui sînt şi azi împotmoliţi în acelaşi discurs: „Băsescu a vrut, dar nu l-au lăsat." Afirmaţie ridicolă, fireşte, din care nu reiese niciodată cine l-a împiedicat pe preşedinte să facă ceva. Deduc însă că lui Traian Băsescu i-ar mai trebui cinci ani de preşedinţie ca să-şi continuie încercările. Nu e un argument valabil şi nimeni n-ar trebui să se lase înşelat. Cu atît mai mult cu cît, în afară de lupta cu „mogulii", nu promite nimic coerent, nimic care să semene a program. Ori, un om nu poate fi ales în fruntea statului doar ca să-i elimine pe Vântu, Patriciu şi Voiculescu – pe care, de altfel, îi tot elimină de cinci ani cu rezultatul pe care-l poate constata oricine.

Poate cineva, fără să recurgă la lozinci şi văicăreli, să spună clar, pe puncte, ce a făcut Traian Băsescu în cei cinci ani cît a fost preşedintele României? Mă îndoiesc. Poate cineva să spună ce vrea să facă Traian Băsescu în eventualul său viitor mandat? Din nou mă îndoiesc.

Ieri seară am primit un telefon de la un ziarist francez proaspăt întors din România. Mi-a povestit că a stat de vorbă cu mulţi tineri, la Bucureşti şi în provincie, şi că mulţi dintre ei i-au mărturisit că dacă Băsescu va fi reales, nu le va mai rămîne decît să emigreze. Iată cea mai jalnică „realizare" a preşedintelui care, acum cinci ani, îşi construia campania în jurul sloganului „Să trăiţi bine!" Alţi tineri, adăuga uimit interlocutorul meu, au nostalgia regimului comunist, pe care mulţi nici măcar nu l-au cunoscut. Iată cea mai sinistră „realizare" a preşedintelui care a condamnat comunismul şi care se declară de dreapta, dar care, ocupîndu-şi timpul să vîneze „oligarhi", „potentaţi" şi „moguli", a izbutit să reînvie lupta de clasă.

De la cer la pămînt

Franţa are un nou preşedinte [2007]. Birourile de vot s-au închis, ecourile mulţimii se sting, iar ploaia şi vîntul vor smulge încet-încet de pe ziduri afişele electorale. Viaţa de zi cu zi revine, cu aşteptări noi, sub noi auspicii politice.

Memoria observatorului dîmboviţean păstrează însă, din lungile săptămîni de campanie, gustul unei invidii difuze, greu de mărturisit, şi care, vrînd-nevrînd, capătă dimensiunile frustrării.

Miza alegerilor, într-o ţară care este a cincea putere a lumii, a fost enormă, presiunea la care au fost supuşi candidaţii – şi, în special, cei doi finalişti – ridicîndu-se şi ea, prin urmare, la un nivel considerabil. Şi totuşi… Nimeni nu a proferat înjurături, nici blesteme; nimeni nu a şantajat; nimeni nu a ameninţat. Au fost expuse şi confruntate programe – unele, fireşte, mult mai solide şi mai coerente decît altele –, au fost afirmate *convingeri*. Alegătorilor li s-au oferit *argumente* pentru a fi atrași către o tabără sau alta.

Cînd candidata socialistă Ségolène Royal i-a spus rivalului ei, Nicolas Sarkozy, „afirmaţia dumneavoastră este o probă de imoralitate politică" toţi comentatorii au avut impresia că s-a atins o culme a violenţei, iar despre această frază s-a scris şi dezbătut zile în şir! Strămutaţi în România, aceiaşi comentatori ar muri sufocaţi de oroare asistînd la elevatele noastre „dialoguri" politice.

Dar dincolo de forma mizerabilă în care e urlat discursul public românesc – şi care, în loc să aibă, asupra masei, un efect educativ, nu face decît să-i zgîndărească instinctele cele mai brutale –, dincolo, deci, de stîlcirea inadmisiblă a formei, ideea însăşi pare a-şi fi pierdut orice raţiunea de a fi. Dacă un program politic înseamnă o sumă de propuneri şi de explicaţii privind modalităţile prin care aceste propuneri vor fi puse în practică, alcătuind împreună un tot logic, atunci în România nu există cu adevărat programe politice. În locul lor se practică invectivele, supralicitarea demagogică, uniformizarea sterilă transpartinică. În România, politica este doar o chestiune de hormoni şi de corzi vocale.

Cum poate politicianul roman, în aceste condiţii, să aibă pretenţii de credibilitate? Considerat ca entitate izolată, el nu e nimic şi nimeni; ca membru al grupului, în schimb, activitatea lui devine frenetică: îşi adaugă vocea corului general de ţipete disonante şi îşi pune întreaga energie în slujba unei permanente destrămări. Ceea ce nu e de mirare dacă ne gîndim pe ce criterii s-au construit destinele politice în România după 1990. Specularea arhivelor secrete şi reţeaua heteroclită de interdependenţe financiare au stricat ceea ce mai era de stricat.

Această cacofonie este singurul produs de export al politicii româneşti. Ea reprezintă ţara pe scena internaţională, însoţită de nenorocita şmecherie, prea des confundată, în ultima vreme, cu abilitatea. Şi, mult mai grav, ea este pricina a 17 ani de permanentă înnămolire internă. Cum, astfel stînd lucrurile, să nu priveşti cu jind la ceea ce se petrece în alte părţi?! Cum să nu-ţi doreşti o Românie politică normală, cu partide care să alcătuiască proiecte viabile, cu politicieni care să fi citit măcar cîteva cărţi şi care să fie în stare să-şi confrunte logic şi civilizat ideile privind destinul ţării? Cum să nu visezi o Românie în care bădărăniile să nu mai fie luate drept argumente, în care nevoia de scandal să nu mai înlocuiască dorinţa de a construi, o Românie care, mîine, să poată stîrni, ca Franţa de azi, invidia altora?

Gînduri de „ciuruit"

„I-am ciuruit!" Astfel şi-a comentat victoria preşedintele tuturor românilor ales de un sfert dintre români. Violenţa mandatului trecut şi, fără îndoială, a celui care începe e rezumată în aceste cuvinte. Nu cred că există o ţară normală în care învingătorul (discutabil, de altfel, din cîte înţeleg) să-şi permită să se exprime cu atîta brutalitate. Nenorocirea este, însă, că mulţi se vor fi bucurat de afirmaţia lui Traian Băsescu.

Faptul că acest personaj grotesc va rămîne încă cinci ani la conducerea ţării pentru a-şi continua lupta sterilă cu „mogulii" mi se pare lucrul cel mai prost care i se putea întîmpla României. Pentru că, după ce n-a făcut nimic vreme de cinci ani, va continua să nu facă nimic în următorii cinci, dar, de data asta, liber de orice viitoare constrîngere electorală, îşi va da frîu liber imaginaţiei demolatoare şi se va înfrupta permanent din otrava zîzaniei.

Cîteva elemente care au condus la actuala situaţie merită să fie enumerate.

În primul rînd, tabăra lui Traian Băsescu a fost în campanie din 2005 încoace. Intelectualii prezidenţiali, presa prezidenţială, jurnaliştii prezidenţiali l-au tămîiat fără încetare în acest răstimp şi, totodată, au împroşcat cu noroi pe oricine îndrăznea să i se opună. Nici liberalii, nici social-democraţii n-au izbutit să-şi constituie o asemenea reţea de propagandişti şi de adoratori publici. Mai mult: singurul ziar pe care ei ar fi putut conta, *Adevărul*, a refuzat să participe la campania electorală.

În momentul în care şi-a anunţat candidatura, Mircea Geoană a devenit pentru mulţi o sperietoare prin ricoşeu. Campania împotriva lui s-a construit în special pe această idee. E drept că în spatele lui se află o serie întreagă de figuri pe care românii nu mai vor să le vadă pe scena publică şi e la fel de drept că Geoană n-a dat nici un semn că ar vrea să se distanţeze de ele. Dimpotrivă chiar, într-o declaraţie pe care a făcut-o recent se arăta solidar cu toţi membrii de frunte ai partidului său.

Ideea lui Dinu Patriciu de a-l propune pe Mircea Geoană, înainte de primul tur, pentru postul de prim-ministru al lui Crin Antonescu în cazul în care acesta avea să fie ales a dat alegătorilor impresia că liberalii sînt gata să se arunce în orice talmeş-balmeş şi a decredibilizat a priori iniţiativa PNL de a-l sprijini pe candidatul social-democrat în al doilea tur.

Aruncarea pe piaţă a „filmuleţului" cu palma dată de Băsescu unui copil – iniţiativă atribuită tot lui Dinu Patriciu – nu a produs efectul scontat, ci, probabil, dimpotrivă. Era previzibil, de altfel, că adepţii preşedintelui aveau să conteste autenticitatea înregistrării, iar lucrurile au devenit de-a dreptul absurde prin faptul că nimeni în tabăra anti-Băsescu n-a făcut nimic pentru a obţine un aviz tehnic serios. S-a adăugat şi declaraţia lui Mircea Dinescu privitoare la un moment de brutalitate al lui Traian Băsescu de acum nu ştiu cîţi ani, declaraţie pentru care poetul şi-a cerut apoi scuze.

Vizita nocturnă pe care Mircea Geoană i-a făcut-o lui Sorin Ovidiu Vîntu, cu nici 24 de ore îaintea dezbaterii cu Băsescu, n-a fost doar neinspirată. Cînd eşti în plină luptă cu un adversar de temut, nu te duci pe ascuns să vizitezi pe unul dintre simbolurile negative care populează campania acestui adversar. O gogomănie mai mare era greu de imaginat!

Toate acestea – şi, fără îndoială, multe altele – au dus la rezultatul pe care îl cunoaştem. Dar, evident, acum e prea tîrziu pentru corectări de traiectorie. Păcat. România merita altceva decît încă cinci ani cu Traian Băsescu. Cinci ani pe care o să-i suportăm cu toţii, dar care, să nu uităm, i-au fost oferiţi de o falsă majoritate care nu reprezintă decît un sfert din populaţia ţării. Ciudăţeniile democraţiei…

P.S. Cetăţenii moldo-români au votat masiv

pentru Băsescu, contribuind la alegerea lui, în timp ce
în propria lor ţară încercarea de a alege un preşedinte
a eşuat pentru a nu ştiu cîta oară. Mă întreb, pe de altă
parte, cîţi dintre ei or fi votat cu Partidul Comunist la
alegerile trecute din Republica Moldova.

Fecioarele politicii dîmboviţene

Dnii Liiceanu, Patapievici şi Tismăneanu s-au plîns de tratamentul prost ce li se aplică de către presă şi o parte din opinia publică – preţ nejustificat, ni se dă să-nţelegem, pentru angajarea lor în tabăra Băsescu-PDL.

Sînt oare aceşti domni atît de naivi încît să nu ştie că oricine, pe scena politică, se alege cu înjurături? Cine nu suportă să fie criticat, calomniat, insultat, se duce să joace table în Cişmigiu, nu se lansează în militantism politic şi nici nu declanşează polemici în presă. Sînt oare ei atît de sensibili încît să nu suporte nici măcar o zecime din mascările pe care le-a suportat, de pildă, Corneliu Coposu? Cine nu face faţă inevitabilei trivialităţi a luptei politice şi josniciilor aferente (practici universale, de altfel, nu doar dîmboviţene), se duce să se-nscrie într-un cerc de croşetat, nu se-nghesuie în prim-planul actualităţii.

Aceşti domni îi fac, de trei ani, campanie lui Traian Băsescu. Acum şi-au asumat şi promovarea PDL. E dreptul lor, fireşte. Dar, astfel stînd lucrurile, la ce se aşteaptă? La telegrame de felicitare şi buchete de flori expediate de partea adversă? Ar însemna că sînt inconştienţi. Ar însemna că habar n-au ce este politica.

Să ne imaginăm, de pildă, că dl Patapievici ar fi fost un militant al PNL – ceea ce, de altfel, a şi încercat să pară înainte ca girueta intereselor instituţionale să-i arate o altă direcţie, mai profitabilă. Dacă ar fi fost aşa, prietenul şi subalternul lui, Mircea Mihăieş, l-ar fi făcut albie de porci săptămînă după săptămînă. Dacă Mircea Mihăieş ar fi fost PSD-ist, l-ar fi beştelit Patapievici. Şi aşa mai departe. Politică fără înjurături nu s-a făcut niciodată, chiar dacă asta îi tulbură peste poate pe feciorelnicii domni enumeraţi mai sus.

Ceea ce, însă, mi se pare complet ridicol în această răbufnire de delicateţe ultragiată, este că autorii protestului – poate mai puţin dl Tismăneanu – nu se sfiesc, ei înşişi, să tîrască în noroi pe oricine nu e de acord cu ei, adică pe oricine nu-l venerează pe Traian Băsescu. Ridicol şi, în special, profund necinstit. Logica lor e simplă: noi putem înjura pe oricine şi e chiar de datoria noastră s-o facem; de noi însă n-are nimeni dreptul să se lege. Cam tot aşa gîndea şi partidul comunist.

Încă un cuvînt despre dl Patapievici. El se plînge din nou de faptul că a fost agresată memoria tatălui său, care „dintr-un savant tăcut a fost trecut la rangul de nomenclaturist". E interesant de constatat că, dintr-o dată, acest om a cărui autobiografie manuscrisă circulă pe Internet e prezentat ca „un savant tăcut". Savant în ce domeniu?

Dar nu asta contează. Contează faptul că nimeni n-ar fi ajuns să vorbească de tatăl dlui Patapievici dacă el însuşi, într-o scrisoare din 1990 adresată lui Alexandru Paleologu şi publicată în volumul *Politice*, nu şi-ar fi prezentat genitorul sub o lumină absolut mizerabilă. Atunci, dl Patapievici a vrut să se acrediteze drept un suflet pur, scîrbit de compromisurile familiei din care se trage. Dar, iată, s-a dovedit destul de slab pentru a nu izbuti să asume în timp ceea ce el însuşi a scris, şi destul de necinstit pentru a-i acuza pe cei care preiau propriile sale acuzaţii. Patetic… Neliniştitor…

Cruciada purificatoare a fecioarelor

Cînd am scris textul „Fecioarele politicii dîmboviţene", nu ştiam că lamento-ul dlor Liiceanu, Patapievici şi Tismăneanu a avut drept cadru un fel de colocviu organizat după toate regulile artei. Descopăr acum detalii interesante – sau poate ar trebui să spun îngrijorătoare.

„Evenimentul […] este parte a unui program mai vast menit să contribuie la asanarea şi modernizarea vieţii publice româneşti." *Asanare!* Să nu uităm că genitorii biologici sau spirituali ai acestor domni s-au îndeletnicit la vremea lor cu *asanarea* societăţii româneşti prin expedierea la Sighet, Canal, Jilava, Aiud, Gherla, etc. a celor care gîndeau sau pur-şi-simplu erau altfel decît ei. Progeniturile vor acum să *asaneze* viaţa publică românească. La urma urmei, de ce n-ar asana-o de ei înşişi?! Cu toţii au urlat ca din gură de şarpe cînd Vadim i-a ameninţat, în 2000, că-i elimină.

Acum, că au îmbrăcat uniforma de *asanatori*, ideea le convine, le pare chiar necesară.

Şi cum vor *asana*, cum vor moderniza aceşti domni viaţa publică românească? Prin cenzură, fireşte! O tehnică pe care o au în sînge şi pe care o aplică deja – la scară mică, e drept, dar cu mult succes. Ştiu din proprie experienţă cît de uşor se elimină o semnătură. Cînd nimeni nu va mai scrie rău despre ei, vor considera că viaţa publică românească a fost *asanată*, a devenit modernă. Iată o formă perfectă de delir paranoic. (Mă întreb dacă vor încerca să asaneze şi proza lui Mircea Mihăieş, unul dintre cei mai violenţi şi vulgari comentatori din presa românească. Desigur nu, căci violenţa lui e îndreptată în sensul bun!)

Remarc, de asemeni, un detaliu care mi se pare semnificativ: moderatorul dezbaterii a fost Valeriu Stoica. Faptul că dl Stoica pledează în cadrul proceselor pe care aceste victime permanente le intentează presei ar putea indica o tendinţă de radicalizare juridică. (Mă întreb din nou – prosteşte, desigur – dacă aceşti arhangheli ai purificării spirituale au o senzaţie de confort moral cînd se află în preajma dlui Stoica. Dacă da, îi felicit pentru această performanţă.)

Domnii sus-citaţi şi avocatul lor consideră drept „terorism mediatic" faptul că au fost criticaţi în presă. Marea lor frustrare vine din faptul că, declaraţi geniali pe malul Dîmboviţei, ei n-au izbutit să-şi facă nici nume, nici renume în străinătate. Dar dacă acest miracol s-ar fi produs şi dacă ei s-ar fi implicat în dezbaterea

publică din vreo altă ţară, oare ce-ar fi făcut la prima
înjurătură care li s-ar fi administrat? L-ar fi chemat pe
Valeriu Stoica să-i apere? Ar fi încercat să *asaneze* tot
universul? Căci, dincolo de fleacurile pe care încearcă
să le acrediteze, polemica se practică în toată lumea,
oamenii publici sînt agresaţi de ziarişti şi comentatori,
se aruncă găleţi întregi de gunoi la fiecare ocazie – dar
nimeni nu se smiorcăie isteric. Pentru a nu cita decît
un exemplu – care mi-e antipatic şi care e foarte me-
diatizat – am să le spun că Bernard-Henri Lévy n-a
încercat să *asaneze* pe nimeni cînd a fost făcut imbecil
în paginile unui ziar important, nici cînd un săptămî-
nal parizian a publicat un lung dosar despre penibilele
excese pe care i le permite acestui militant de stînga
imensa avere pe care o posedă.

„Care sînt principalele instrumente legale, politice
şi mediatice prin care pot fi preîntîmpinate sau stopate
aceste practici?" s-au întrebat cei trei. Cenzura, aşa
cum spuneam. Etichetarea adversarilor. Intervenţiile
la conducerea ziarelor. Insinuările sibiline. Nici o grijă,
domnilor victime! Veţi reuşi să rămîneţi singuri,
nespurcaţi de cuvintele celor care cred altfel. Şi viaţa
voastră va fi la fel de plicticoasă cum era cea lui
Ceauşescu. Închideţi-vă, ca el, într-o cuşcă, respiraţi
printr-o mască, astupaţi-vă urechile cu vată, protejaţi-vă
de o lume care nu vă înţelege, de o lume care vă ener-
vează, de o lume care vă revoltă.

Se povestea, acum mulţi ani, că Elena Ceauşescu
i-ar fi spus într-o zi Conducătorului: „Nicule, ăştia nu

te merită!" La fel faceţi şi voi, domnilor militanţi cu pielea prea fină: vă uitaţi unii la alţii ca în tot atîtea oglinzi goale şi vă spuneţi: „Ăştia nu ne merită!" Dar nu e chiar adevărat. Vă meritaţi între voi. Ceea ce tot înseamnă o bună duzină.

Pleşiţă

A mai murit un ticălos, îmbelşugat şi nestingherit pînă în ultima clipă.

Ar trebui să scriu despre el, despre cei pe care, sub o formă sau alta, i-a nenorocit, despre societatea bolnavă care n-a fost în stare să-i ceară socoteală. Dar tot ce-aş putea scrie e ştiut, iar tragedia tocmai în asta constă – în această ştiinţă fără urmări, în această îngăduinţă care devine complicitate.

Vom asista într-o zi, inevitabil, la moartea ultimului criminal comunist, la moartea ultimului otrăvitor de spirite, la moartea ultimului port-drapel al ciumei roşii. Şi-atunci – abia atunci! – vom izbuti să ne simţim bine, pentru că nu vom mai avea nevoie să justificăm indulgenţa pe care le-am acordat-o atîţia ani. Şi nici măcar nu ne va fi ruşine.

Crime fără criminali

Să ne închipuim o clipă dezastrul moral care s-ar fi produs dacă Tribunalul de la Nuremberg ar fi condamnat nazismul, declarîndu-l în mod solemn regim criminal, dar ar fi lăsat inculpaţii să se întoarcă la casele lor – eventual de protocol – pentru a se bucura liniştiţi de pensii substanţiale.

Această ipoteză absurdă este pe cale de a deveni realitate în România de azi.

Declaraţia preşedintelui Băsescu, prin care – pe baza unui raport imperfect – regimul comunist a fost definit drept ilegitim şi criminal nu pare că va fi urmată de vreo acţiune concretă (evident, cu excepţia instituirii unei noi comisii).

A ordonat oare preşedinţia deschiderea vreunei anchete? Nu. S-a luat oare fie şi o singură măsură politică sau administrativă pentru uşurarea sarcinii CNSAS? Nu. A fost oare propus un nou text de lege care să continuie discursul prezidenţial? Nu.

Din toate acestea rezultă că avem, pe de o parte, un regim recunoscut drept criminal, dar că, pe de altă parte, nimeni nu va fi acuzat de vreo crimă comisă în numele acestui regim. Nemernicii care au dat ordinele şi călăii care le-au executat pot muri nestingheriţi în paturile lor. Crimele comuniste n-au fost comise de nimeni!

Prin acest sinistru paradox, dl Băsescu şi-a cîştigat un formidabil capital electoral. Dar, totodată, a lăsat moştenire românilor un dezastru moral care s-ar putea dovedi a fi fără ieşire.

Un timp imoral

Dacă-mi aduc bine aminte, pe 18 decembrie 2006, în faţa camerelor reunite ale Parlamentului, preşedintele nostru cel însetat de justiţie a afirmat „cu deplină responsabilitate: regimul comunist din România a fost ilegitim şi criminal."

De atunci, o jumătate dintre români au devenit zeloşii lui admiratori şi, dacă ar fi posibil, i-ar acorda încă multe alte mandate prezidenţiale. Alţii, printre care mă număr, îşi pun întrebări la care, desigur, nimeni nu doreşte să răspundă. De pildă…

Dacă regimul comunist a fost „ilegitim şi criminal" de ce oare întîlnim atît de mulţi dintre slujitorii lui în viaţa publică de azi? Dl Băsescu, de pildă, a fost el însuşi, sub diverse forme, un colaborator al regimului „ilegitim şi criminal". Cum de e acum preşedinte, şi încă a doua oară? Pe alţii nici nu mai merită să-i numim, pentru că-i cunoaşte toată lumea. Structurile puterii sînt încă înţesate cu părtaşi ai crimei comuniste. Ceea ce nu pare să-l tulbure pe preşedintele anti-comunist.

Dacă regimul comunist a fost „ilegitim şi criminal" de ce aproape o sută de mii de dosare întocmite de acest regim sînt încă dosite în spatele ridicolului paravan al „siguranţei naţionale"? Ce legătură au cu siguranţa naţională de azi rapoartele pe care le făceau acum 60 de ani politrucii care supravegheau activitatea din închisori? Există, deci, lucruri pe care încă nu trebuie să le ştim despre acest regim, lucruri pe care actuala putere încă le ascunde, acoperind astfel crimele şi ororile, legitimîndu-le prin regimul de secret de stat pe care li-l acordă.

Dacă regimul comunist a fost „ilegitim şi criminal" de ce satrapii lui cei mai abjecţi, securiştii, se bucură încă de avantaje inadmisibile? Există oare, în Germania, vreun fost agent Gestapo care să primească pensie pentru această îndeletnicire? Sigur nu. În România, sub ochii preşedintelui-justiţiar, guvernul încalcă legea contestînd dreptul victimelor de a fi despăgubite, dar nu ezită să plătească pensii exorbitante torţionarilor şi criminalilor pentru că au torturat şi ucis. Unul după altul, ei mor liniştiţi în paturile lor, ştiind bine că puterea care i-a condamnat demagogic le asigură impunitatea.

Dacă regimul comunist a fost „ilegitim şi criminal" de ce aşteptăm încă o lege serioasă a lustraţiei? Cui i-e frică de efectele ei? Şi nu cumva aplicarea ei va fi la fel de strîmbă ca în cazul Legii 221/2009?

Întrebări inutile, cărora li se pot adăuga altele, la fel de inutile într-o Românie a cărei conducere şi-a împăcat conştiinţa jucînd marea scenă a condamnării fără urmări – lucrul cel mai imoral care se poate imagina. Oroarea e că, din minciună în minciună, istoria îl va înregistra pe Traian Băsescu drept campionul anti-comunismului. Şi nimeni nu-şi va mai aminti că, pe vremea lui, rămăşiţele umane ale regimului „ilegitim şi criminal" se temeau mai degrabă de unii ziarişti curioşi decît de justiţie.

N.B. Legea 221/2009 a fost redactată în timpul guvernării Tăriceanu, prin care se crea dreptul victimelor regimului comunist şi descendenţilor lor să solicite despăgubiri materiale. Votată abia în 2009, în timpul guvernării Boc şi în plină campanie pentru alegerile prezidenţiale, legea nu a produs nici un efect întrucît Curtea Constituţională a dispus abrogarea articolului care permitea revendicarea acestor despăgubiri. O putem considera, aşadar, o lege absolut demagogică, folosită ca argument electoral în favoarea candidatului Traian Băsescu. O putem considera, de asemeni, ca o absolută bătaie de joc la adresa tuturor celor care au suferit de-a lungul celor 45 de ani de regim comunist.

Uitarea măsurilor împotriva uitării

Cu ocazia marelui spectacol al condamnării comunismului în faţa Camerelor reunite ale Parlamentului (18 decembrie 2006), preşedintele Traian Băsescu – despre care nu trebuie să uităm că declarase, cu doar un an înainte, că nu are motive să întreprindă o asemenea acţiune – şi-a însuşit o serie de propuneri făcute de Comisia Tismăneanu. Le redau mai jos spre împrospătarea anumitor memorii selective.

Spunea, aşadar, dl Băsescu:

- Susţin propunerile Comisiei de stabilire a unei zile comemorative în memoria victimelor represiunii şi terorii comuniste şi propunerea ridicării în Capitală a unui Monument al Victimelor Comunismului.

- Susţin înfiinţarea în Bucureşti a unui Muzeu al Dictaturii Comuniste din România. Acest muzeu va fi în egală măsură un loc de memorie şi unul al afirmării valorilor societăţii deschise. Pe lângă Muzeu este necesară crearea unui centru de documentare destinat informaţiei publice, cu acces neîngrădit, în care să fie colecţionate documente esenţiale pentru înţelegerea fenomenului comunist, a universului concentraţionar, a propagandei ca mijloc de constrîngere spirituală.

- Propun organizarea unei expoziţii permanente în cadrul Palatului Parlamentului, cu documente ilustrative pentru ideea de poliţie politică, documente care să fie reprezentative pentru fenomenul încălcării drepturilor civile fundamentale în România comunistă.

- Susţin organizarea unui ciclu de conferinţe în marile centre universitare din ţară, în care să fie prezentat conţinutul Raportului, însoţit de explicaţii, comentarii şi documente ilustrative.

- Propun formarea unui grup de cercetători care să elaboreze o Enciclopedie a comunismului românesc. Acelaşi grup va lucra pentru sintetizarea Raportului final sub forma unui manual şcolar.

- Susţin necesitatea identificării unor soluţii legale în vederea anulării condamnărilor emise pe baza unor articole cu caracter politic, anularea pedepselor cu închisoare şi muncă forţată rezultate pe baza decretului 153/1970 privind „parazitismul social", „anarhismul" şi orice alt „comportament deviant". Dezavuarea legii nr. 5 din 6 august 1978 pe baza căreia se putea desface contractul de muncă pentru „abateri de la etica şi echitatea socialistă".

- Susţin modificarea cadrului legislativ prin care să fie înlesnită procedura de acordare a cetăţeniei române celor cărora le-a fost retrasă de statul totalitar.

- Susţin modificarea şi completarea cadrului legislativ privind accesul la arhivele legate de perioada comunistă. La 17 ani de la Revoluţia din decembrie 1989, a sosit din plin clipa transparenţei şi accesibilităţii arhivelor comuniste. Obstacolele întâlnite de către membrii şi experţii Comisiei trebuie înlăturate de urgenţă şi fără ezitări. Legea Arhivelor Naţionale trebuie modificată imediat în ceea ce priveşte termenele de acces la arhivele de interes istoric. Neglijarea îndeplinirii obligaţiei de modificare a Legii Arhivelor arată lipsa de voinţă politică în a acorda un acces nediscriminatoriu la arhivele de interes pentru cercetătorii regimului comunist. O Românie democratică este una în care accesul la istorie, deci la arhive, este liber şi neîngrădit.

- Susţin solicitările foştilor deţinuţi politici legate de recunoaşterea publică a tragediei prin care au trecut.

- Susţin propunerea privind înfiinţarea unui sistem de 12 burse acordate anual, pe bază de concurs, unor cercetători tineri interesaţi de cercetarea diverselor aspecte ale dictaturii comuniste.

- Afirm necesitatea adaptării Raportului Final pentru obiective cu caracter didactic (un manual despre dictatura comunistă din România) care să fie predat în învăţămîntul mediu.

Toate aceste meritorii iniţiative, absolut toate, au fost, bineînţeles, abandonate imediat după încheierea ceremoniei, ceea ce ne permite să măsurăm sinceritatea şi seriozitatea gestului prezidenţial. Există oare vreo cale de a-i aduce aminte?…

Despre oroare şi dispreţ

Mulţi au fost cei care s-au întrebat la ce a servit ceremonia de condamnare a comunismului de către preşedintele Traian Băsescu de vreme ce ea n-a fost urmată de nici o acţiune concretă. Şi mulţi au fost cei care au văzut în demersul dlui Băsescu un simplu – dar cît de eficient! – gest electoral.

Iată, însă, că în iunie 2009 Parlamentul a adoptat Legea 221 pentru despăgubirea victimelor regimului comunist şi a urmaşilor acestora pînă la gradul doi. În sfîrşit, condamnarea comunismului se materializa într-o acţiune reparatorie.

Fireşte, ne puteam întreba cum de a votat majoritatea PDL-PSD din Parlament o lege pregătită de Marius Oprea şi Constantin Ticu Dumitrescu în timpul guvernării liberale. Şi, fireşte, ne puteam spune că, 2009 fiind un an electoral, puterea trebuia să răspundă într-un fel sau altul celor care puseseră sub semnul întrebării momentul de glorie al lui Traian Băsescu.

Acţiunile au început să fie depuse la tribunale, Traian Băsescu a fost reales, Marius Oprea a fost dat afară de la Institutul pentru Investigarea Crimelor Comunismului din România şi o serie de decizii au fost luate în favoarea victimelor comunismului sau a urmaşilor lor. Totul se desfăşura conform planului…

…Cu o singură excepţie. Statul, care a promulgat Legea 221 acum zece luni, a făcut apel împotriva tuturor sentinţelor pronunţate. Statul, deci, a contestat toate efectele produse de o lege pe care el însuşi a făcut-o să intre în vigoare. Statul a arătat că nu vrea să aplice una dintre legile sale.

Sîntem în plină aberaţie? Nu, sîntem, pur şi simplu, în România.

Acum, la nouă luni de la promulgarea ei, guvernul a constatat că Legea 221/2009 este imperfectă. Prin urmare, guvernul pregăteşte o ordonanţă de urgenţă prin care despăgubirile să fie plafonate la 10 000 de euro pentru fiecare deţinut. Guvernul anunţă, printr-un reprezentant rămas anonim, că această sumă este *rezonabilă*.

Guvernul îşi arogă dreptul monstruos de a decide limita dincolo de care suferinţa şi oroarea nu mai merită nici o despăgubire. Guvernul îşi arogă dreptul insuportabil de a decide că un an de închisoare sau cincisprezece ani de închisoare valorează 10 000 de euro. Că moartea în camerele de tortură ale Securităţii sau în celulele universului concentraţionar valorează tot 10 000 de euro.

Cînd a promulgat Legea 221/2009 ştiind că o va bloca în justiţie şi că o va transforma într-o bătaie de joc, statul a condamnat la o nouă suferinţă pe toţi cei pe care comunismul i-a zdrobit. Şi a făcut-o cu tot atîta cinism. Dintr-un simplu calcul electoral.

Nu ştiu dacă dlui prim-ministru i-a murit vreo rudă în închisorile comuniste. Nu ştiu dacă dl prim-ministru s-a întrebat vreodată ce înseamnă să fii omorît pe pardoseala de ciment a unei celule din închisorile comuniste. Şi nu ştiu dacă dl prim-ministru şi-a închipuit vreodată că o familie întreagă ar putea, decenii la rîndul, să fie pedepsită din cauza unei astfel de morţi.

Am ezitat mult înainte de a-i arăta dlui prim-ministru un loc în care propria mea familie s-a frînt. M-am întrebat dacă gestul meu nu se îndepărtează de imperativele decenţei. Locul, însă, e public şi oricine îl poate vedea. Iar cuvîntul *rezonabil* folosit de un reprezentant al guvernului este atît de hidos indecent, încît nu i se poate răspunde decît cu brutalitatea celor mai personale mărturisiri.

Bunicul meu, fostul ministru liberal Radu Portocală, arestat în noaptea de 5/6 mai 1950 – „noaptea demnitarilor” – şi întemniţat la Sighet, a fost omorît pe data de 13 aprilie 1952 în celula zisă „neagra” imobilizat probabil cu aceste lanţuri scurte, făcute să ţină supliciaţii aproape de solul rece şi ud, lovit cu picioarele în cap şi în pîntec. După ce au sfîrşit să-l omoare,

192

gardienii i-au aruncat cămaşa în celula din care fusese scos cu cîteva ore înainte şi-n care ceilalţi deţinuţi aşteptau pentru a se ruga. Noaptea, au auzit căruţa care venea să-i ia corpul şi să-l ducă spre o groapă în care avea să fie aruncat fără sicriu, o groapă care trebuia să fie astfel acoperită încît să i se şteargă urma pentru totdeauna.

Azi, guvernul preşedintelui care a condamnat comunismul îmi oferă, în amintirea acelei zile, în amintirea acelei orori, în amintirea acelei morţi cumplite despăgubirea *rezonabilă* de 10 000 de euro. Pensia pe trei luni a unui general de Securitate.

Mă bucur pentru dl preşedinte şi pentru dl primministru că nu au astfel de amintiri. Pentru că, altminteri, s-ar dispreţui pe ei înşişi.

Eficacitatea suferinţei
ca argument electoral

Acum mai puţin de un an [în iunie 2009], Parlamentul României a votat legea 221 pentru despăgubirea victimelor comunismului. Preşedintele României – cel care a organizat spectacolul condamnării comunismului, asigurîndu-şi astfel nemeritate simpatii – a promulgat legea. Tribunalele României au început să pronunţe sentinţe pe baza ei. Guvernul României, prin intermediul Ministerului Finanţelor, a contestat sitematic toate aceste sentinţe. Ceea ce dovedeşte că nu s-a intenţionat nici o clipă aplicarea Legii 221/2009.

În România puterea refuză să aplice legea şi transformă în tocmeală sentinţele judecătoreşti. Prin urmare, România nu este un stat de drept decît pe hîrtie – şi poate în fantasmele cîtorva funcţionari de la Bruxelles –, România este mai curînd o tarabă de iarmaroc deasupra căreia se strigă oferte şi contra-oferte, se negociază vieţi şi se drămuiesc drepturi.

În 1993 a fost înfiinţat sub egida Academiei Române (şi puţin contează că preşedintele ţării era, pe atunci, Ion Iliescu) Institutul Naţional pentru Studierea Totalitarismului, condus de dl Radu Ciuceanu. Într-una dintre publicaţiile acestui Institut există un cutremurător „inventar" al torturilor practicate în timpul anchetelor sau al detenţiei. Acest text ar trebui să fie citit de către dl prim-ministru şi de acei membri ai guvernului care au avut ideea sordidă a despăgubirilor *rezonabile*. (Dlui Ciuceanu, de altfel, i s-a recunoscut recent dreptul de a fi despăgubit pentru cei 15 ani pe care i-a petrecut în temniţele cele mai cumplite ale regimului comunist, decizie împotriva căreia guvernul *rezonabil* s-a grăbit să facă apel.)

România, ni se dă de-nţeles, nu are bani. Dar oare era ea mai bogată acum nouă luni, cînd a fost promulgată legea? Nu. Atunci, de ce a fost promulgată sub această formă *nerezonabilă*? Pentru că trebuiau convinşi acei alegători care se întrebau de ce condamnarea comunismului n-a fost urmată de nici un efect. Pentru că era nevoie să fie credibilizat Traian Băsescu.

Acest meschin calcul politic a reuşit să batjocorească amintirea chinuiţilor de comunism în mult mai mare şi mai gravă măsură decît au făcut-o, ani de-a rîndul, cei care le pusesă amintirea sub lespedea tăcerii. Iată, aşadar, că morţii pot fi omorîţi în continuare şi că sufletul schingiuiţilor mai poate fi încă schingiuit chiar de către cei care pretind că vor să le facă dreptate.

România, aşadar, nu are destui bani pentru a despăgubi victimele unui regim pe care preşedintele ei l-a condamnat. În schimb, România are destui bani pentru a-şi îmbogăţi în continuare, oricît de grea va fi criza, escrocii şi impostorii.

Cînd victimele îşi pierd utilitatea

În cele din urmă, guvernul a adoptat măsura imorală pe care o anunţase încă din luna aprilie: plafonarea despăgubirilor pentru condamnările politice şi detenţiile administrative din timpul regimului comunist acordate în temeiul Legii 221/2009.

Primul efect al acestei inţiative este acela de a transforma gesticulaţia „anti-comunistă" a fostului comunist Traian Băsescu în pură demagogie electorală. Altfel spus, guvernul Boc dă acum în vileag escrocheria morală l-a care s-a dedat Băsescu pentru a fi ales şi reales. Spectacolul condamnării comunismului nu trebuia să aibă urmări şi nici nu va avea. Această minciună, reînnoită de patru ani prin diverse mijloace, nu avea decît scopul de a-i asigura lui Băsescu o falsă – şi, la urma urmei, imposibilă – respectabilitate. Victimele comunismului au fost folosite fără nici un fel de ruşine ca actori involuntari – sau ca ostatici – în bîlciul prezidenţial. Este, neîndoios, partea cea mai scabroasă a acestui joc cu suferinţa.

Cinci decenii de moarte, de durere, de mizerie pentru a-l face pe Traian Băsescu preşedinte! O astfel de impietate nu putea fi săvîrşită decît în România strîmbă de azi. Cu gura plină de anateme ipocrite, Băsescu a alergat către putere călcînd peste zeci şi zeci de mii de morminte, peste zeci şi zeci de mii de trupuri schilodite, peste zeci şi zeci de mii de memorii însemnate cu fierul roşu. Iar în urma lui venea, cu pleoapele cusute, alaiul celor care s-au încrezut şi continuă să se încreadă în el.

Se spune despre Băsescu: „O fi cum o fi, dar el e cel care a condamnat comunismul.” Pînă în 1989 se spunea despre Ceauşescu: „O fi cum o fi, dar e bun român.” Sîntem în aceeaşi minciună: unul înşela iubirea de ţară a românilor, celălalt le înşală memoria.

Legea 221 (redactată în 2007 de guvernul liberal, să nu uităm) a fost votată şi promulgată în timpul campaniei din 2009, pentru că era singurul argument în favoarea „anti-comunismului” lui Băsescu. Atunci, ea era utilă. Mai mult: cum se ştia că nu avea să fie aplicată, această lege nu implica nici un risc pentru guvern. Acum, cînd a devenit inutilă, guvernul a amputat-o printr-o ordonanţă de urgenţă. Constituţia spune, însă (art. 115-4) „Guvernul poate adopta ordonanţe de urgenţă numai în situaţii extraordinare a căror reglementare nu poate fi amînată, avînd obligaţia de a motiva urgenţa în cuprinsul acestora.”

Oare de ce o fi despăgubirea victimelor comunismului o „situaţie extraordinară" şi cum o fi motivat guvernul caracterul urgent al măsurii luate?

Desigur, argumentul guvernului este criza şi lipsa de bani. Dar criza era la fel de acută în 2009, cînd a fost adoptat textul, iar banii la fel de puţini. În schimb, lipsa banilor nu împiedică proiecte aberante cum e cel al Institutului Cultural Român, despre care scriam zilele trecute! Sau altele de acelaşi fel…

Memoria nu e o chestiune de bani, ci de morală. Iar puterea actuală şi-a arătat imoralitatea de-a lungul întregului scenariu de condamnare a comunismului: de la pretenţia lui Băsescu de a i se aduce „dovezi", pînă la transformarea de către guvernul Boc a acestor dovezi în accesorii electorale stînjenitoare.

P.S. [septembrie 2014] După cum era de aşteptat, nimeni n-a primit nici o despăgubire, nici măcar *rezonabilii* 10 000 de euro. Mii de oameni au fost, în schimb, îndemnaţi prin legea 221/2009 să se adreseze tribunalelor, să plătească avocaţi şi acte, pentru ca, în cele din urmă, să li se spună că nu au dreptul la nimic, nici măcar la acoperirea acestor inutile cheltuieli.

Noul Roller*

Iată că multilateralul preşedinte Traian Băsescu s-a lansat cu dîrzenie în studiul istoriei şi cu tot atîta dîrzenie, urmînd exemplul epocii care l-a semi-educat, în răstălmăcirea ei. Un Roller al timpurilor moderne e pe cale să se nască!

Dupa ce a condamnat comunismul cu singurul gînd că aceasta avea să-l ajute să fie reales – ceea ce s-a şi întîmplat –, acum îl condamnă pe Regele Mihai, spunîndu-şi probabil că va mulţumi astfel cîţiva alegători ai PDL, republicani înverşunaţi şi temători de-o eventuală restaurare a monarhiei.

Ca de obicei, dl Băsescu surprinde nu numai prin grosolănia gîndirii, ci şi prin uşurinţa cu care practică

---

* Să amintim eventualilor cititori mai tineri că Mihail Roller (1908-1958), sub-inginer, militant comunist, ideolog intransigent, a fost transformat de regimul comunist în istoric, membrul al Academiei, devenind principalul falsificator al trecutului.

inconsecvenţa – dovadă, poate, că nu gîndeşte decît din cînd în cînd, atît de rar încît uită de la o dată la alta.

Să ne amintim de faimosul lui discurs din 18 decembrie 2006, pronunţat în faţa camerelor reunite ale Parlamentului. „Principalele acţiuni criminale menţionate în Raport [Raportul Final al comisiei Tismăneanu, n. a.] şi pe care ţin să le amintesc aici, ca argument pentru aceată prea-mult amînată condamnare [a comunismului, n. a.] sunt următoarele: (1) abandonarea intereselor naţionale prin servilism în selaţia cu URSS [...] (3) distrugerea partidelor politice şi a continuităţii constituţionale a statului, prin abdicarea forţată a Regelui Mihai [...]"

Asta spunea dl Băsescu în 2006. În 2011, însă, ce spunea atunci nu mai are nici o importanţă. În 2011, dl Băsescu spune: „Tot continuăm să considerăm că abdicarea regelui [minuscula îi aparţine, n. a.] a fost un mare act patriotic. Nu, a fost un act de trădare al [sic!] interesului naţional al României. Un act de trădare din partea regelui. Asta e punctul meu de vedere." Şi adaugă vehement: [Regele] „a fost slugă la ruşi şi a lăsat ţara prin abdicare."

În 2006, punctul lui de vedere era altul. Rămîne să aflăm care din ipostazele dlui Băsescu trebuie luată în serios. Probabil cea de-a doua, cea a dării aramei pe faţă. Cea care anulează definitiv mascarada condamnării comunismului. Şi care confirmă o situaţie dramatică: de aproape şapte ani, un om incoerent conduce România.

Genialul cîrmaci mai abordează un subiect, fără să-şi dea seama că a contrazice Raportul comisiei Wiesel îl poate costa mult mai mult decît batjocorirea bietului raport al bietei comisii Tismăneanu. „Noi nu ne aşezăm corect valorile. Pentru noi toţi şi pentru istorie Antonescu rămîne responsabil de Holocaustul împotriva evreilor şi ţiganilor. Nimeni nu spune că statul român aveau un şef de stat atunci [...]” Să-i amintim istoricului Băsescu, pornind tocmai de la cuvintele lui, că Ion Antonescu s-a auto-proclamat „conducătorul statului” şi că n-a ţinut niciodată cond de faptul că pe tronul României se afla un Rege căruia ar fi trebuit să i se supună, dar n-a făcut-o?

Atacul preşedintelui împotriva Regelui pare a fi doar rezultatul unui moment de rătăcire. S-ar putea, însă, ca el să aibă alte explicaţii, mai perverse. Să nu uităm recenta încumetrire a lui Băsescu cu Paul Lambrino, al cărui interes este, tocmai, murdărirea şi distrugerea Regelui.

Urmează să vedem ce vor face acum geniile prezidenţiale, ale căror înclinaţii monarhiste au fost întotdeauna subînţelese, atrăgîndu-le simpatii nemeritate. Ni-l închipuim pe Patapievici devenit brusc antonescian pentru că aşa i s-a năzărit preşedintelui său favorit? Sau pe Pleşu? Sau pe Liiceanu? În ce mă priveşte, mi-i închipui devenind orice...

Medalia şi reversul ei

În România comunistă, ministrul Afacerilor Interne era personajul care conducea toate acele organe de represiune pe care preşedintele Băsescu, după ce s-a codit aproape doi ani şi după ce a cerut *probe* de care n-ar fi trebuit să aibă nevoie, le-a condamnat ca fiind „ilegitime şi criminale".

George Homoştean a ocupat această sinistră funcţie din 1978 pînă în 1987 şi s-a ilustrat prin participarea la o serie întreagă de orori. În 1993, pe vremea cînd Traian Băsescu făcea parte din guvern, Homoştean a fost condamnat la 14 ani de închisoare, din care, fireşte, nu a executat decît 14 luni.

Pe 26 aprilie 2010, preşedintele Băsescu i-a acordat acestui individ un înalt ordin militar, ordin pe care i l-a retras abia azi [21 mai 2010] – ceea ce probabil nu s-ar fi întîmplat dacă afacerea n-ar fi fost dată în vileag de *Cotidianul.*

Pînă aici, lucrurile n-au de ce să ne mire, căci nici un om cu scaun la cap nu-l poate lua în serios pe şeful statului cînd îşi proclamă anticomunismul sau cînd se pretinde rupt de trecutul care l-a plămădit.

Cîteva detalii, însă, atrag atenţia. În primul rînd, numele împricinatului. George Homoştean nu e un nume banal. Cînd dai peste el nu poţi să nu-ţi aminteşti că, vreme de nouă ani, l-ai auzit la radio şi la televizor, l-ai citit în ziare, purtat de sperietoarea numărul 1 a ţării. Mai ales cînd ai fost în situaţia (şi, după propria lui mărturisire, este cazul dlui Băsescu) de a face „camioane întregi de rapoarte" la Securitate.

Apoi, lista celor decoraţi nu era într-atît de lungă încît numele lui Homoştean să se fi pierdut printre zeci de altele. El era ultimul printre 23 de ofiţeri propuşi pentru înalta distincţie, deci foarte uşor de reperat şi la fel de uşor de eliminat de pe listă.

Azi, preşedinţia încearcă să se justifice explicînd că nu posedă dosarul lui Homoştean. Fără îndoială. Dar Ministerul Apărării care l-a propus spre decorare? Oare nici acolo nu se ştia despre cine e vorba? Chiar s-au luat nume la întîmplare, s-a întocmit o listă şi a fost trimisă la Cotroceni pentru a căpăta augusta semnătură? Imposibil de crezut! Iar la preşedinţie, chiar nu s-a găsit nimeni care să aibă puţină memorie? Nici chiar şeful statului?

Toate aceste întrebări conduc la două ipoteze, la fel de penibile şi una şi cealaltă. Fie Traian Băsescu semnează fără să citească tot ce i se pune dinainte,

ceea ce ar fi dovada unei foarte periculoase iresponsa-
bilităţi, fie el şi-a închipuit că lucrurile vor trece neob-
servate şi că Homoştean – cu care cine ştie ce vechi
legături o fi avînd – va putea să-şi păstreze decoraţia.
N-a fost să fie, iar noi ne-am ales cu o tristă demons-
traţie a stării de delabrare morală şi politică în care se
află România de azi.

Băsescu şi doar cei zece „ani lumină"

Aflu nu chiar cu uimire că Marele Timonier, invitat astă-seară [5 noiembrie 2010] al unei emisiuni cu nume de mahala de la B1TV, a spus despre Nicolae Ceauşescu: „Dacă el stătea numai zece ani, era un mare preşedinte în istoria românilor."

Aceşti zece ani, care, potrivit dlui Băsescu, ar fi făcut din Ceauşescu un mare preşedinte, se întind din 1965 pînă în 1975. Sînt anii în care a fost pritocită o sinistră dictatură, în care s-a născut cel mai grotesc cult al personalităţii şi s-a perfecţionat tehnica de nimicire a unui întreg popor prin frică, foame şi frig. La mijlocul acestui deceniu care stîrneşte azi entuziasmul fostului căpitan-traficant-de-casete-video, a avut loc teribila „revoluţie culturală" care a putregăit atît de adînc conştiinţa societăţii româneşti încît îi mai simţim şi azi miasmele.

Cei zece ani despre care Traian Băsescu pare a-şi

aminti cu nostalgie reprezintă un sfert din timpul care
i-a trebuit comunismului pentru a distruge România.
Adică foarte mult. Iar această indecentă afirmaţie e
făcută tocmai de cel pe care mult prea mulţi îl admiră
pentru că, pe 18 decembrie 2006, în faţa Parlamentu-
lui, a proclamat „cu deplină responsabilitate: regimul
comunist din România a fost ilegitim şi criminal."

Fireşte, fraza va trebui revăzută: numai trei sferturi
din regimul comunist au fost ilegitime şi criminale; al
patrulea sfert a fost unul de glorie. „Raportul final" al
Comisiei Tismăneanu va trebui revăzut şi el în acest
sens. Va trebui să procedăm şi la unele reabilitări. A
lui Pleşiţă, de pildă.

Ce spunea dl Băseascu în acea zi de pomină cînd
şi-a asigurat realegerea? „Avem datele necesare
condamnării fără drept de apel a regimului comunist
din România. O democraţie fără memorie este una
aflată în gravă suferinţă. Nu trebuie să uităm, pentru
a putea să evităm erorile trecutului. [...] Pe baza exa-
minării literaturii analitice şi a mărturiilor existente,
care probează natura antipatriotică a totalitarismului
comunist, putem afirma că regimul comunist din Ro-
mânia (1945-1989) a fost nelegitim şi criminal. [...]
Unii au cedat tentaţiei de a idealiza perioada lui
Gheorghe Gheorghiu-Dej, uitând faptul că acesta a
instaurat şi a consolidat teroarea comunistă în Româ-
nia, cu sutele sale de mii de morţi, regimul lui Nicolae
Ceauşescu venind să se instaleze pe terenul pregătit şi
curăţat de ea. Alţii au încercat să scuze ororile epocii

Ceauşescu în numele pretinsului ataşament faţă de valorile naţionale. Adevărul e că acestea au fost invocate şi supralicitate numai pentru a consolida puterea unui grup, prin recursul la un patriotism de paradă. [...] controlul metodic asupra spaţiului social, al vieţii intime a cetăţenilor (mai ales prin politica natalistă a dictaturii lui N. Ceauşescu) [...] Sub Ceauşescu, în pofida promisiunilor privind întărirea „legalităţii socialiste", a continuat demonizarea proprietăţii private, persecutarea credinţelor şi practicilor religioase, criminalizarea oricărei forme de opoziţie. Nu mai puţin semnificativ, Ceauşescu şi regimul său au dus la paroxism politica de persecutare a femeilor şi copiilor: în urma interzicerii avorturilor şi a metodelor contraceptive, orfelinatele s-au umplut de copii ale căror destine erau, pentru cea mai mare parte dintre ei, compromise din momentul naşterii. [...] În 1975, Nicolae Ceauşescu a semnat, în numele României, Actul Final al Conferinţei de la Helsinki. Departe de a se conforma angajamentelor luate pe plan internaţional, regimul comunist a continuat [s. a.] să calce în picioare drepturile cetăţenilor. [...] Represiunea împotriva culturii, eradicarea valorilor naţionale, respingerea artei şi culturii occidentale, cenzura, arestarea şi umilirea intelectualilor neînregimentaţi ori protestatari (1945-1989). [...] Procesele împotriva studenţilor protestatari, organizate de **PMR, UTM, UASR** şi Securitate (1958-1960), precum şi înscenările din 1965 şi din anii următori [s. a.]."

Întrebarea care se pune în mod firesc este: cînd delira preşedintele României – în 2006 sau adineauri? Nu-i vom afla răspunsul.

Mă consolez imaginîndu-mi grupul geniilor locale (Patapievici şi plicticosul lui trepăduş Mihăieş, Cărtărescu, TRU, Baconsky-Baconschi, Preda, Paleologu-Pleaşcă et alii), condamnat să urle zi şi noapte, vreme de o săptămînă, pe trotuarul din faţa GDS, netrebnica frază rostită astă-seară de către cel pe care îl venerează dincolo de limitele raţiunii şi ale bunului simţ.

Enoiu

Încă un monstru a părăsit lumea pe care însăşi existenţa lui a murdărit-o. Netulburat, după cum semenii lui n-au fost şi nu sînt tulburaţi. Beneficiar, ca ei, al unei pensii indecente. Lăsat în convingerea lui că a făcut bine.

Ne-au trebuit mai bine de şapte luni ca să aflăm vestea morţii colonelului de Securitate Gheorghe Enoiu, fost şef al Direcţiei de Anchete Penale a Ministerului Afacerilor Interne – intrat în istoria României comuniste sub numele „măcelarul de la Interne". Şapte luni de tăcere care dovedesc cît de puţin s-au interesat de soarta lui cei care ar fi trebuit s-o facă.

În 2007, Institutul pentru Investigarea Crimelor Comunismului în România, condus pe atunci de Marius Oprea, a depus o plîngere penală împotriva lui Enoiu, plîngere care s-a înnămolit în meandrele tulburi ale justiţiei româneşti. Astăzi, acest dosar uitat se transformă într-o palmă răsunătoare – de care, fireşte, nu-i pasă nimănui – pe obrazul României care a pretins că a condamnat comunismul şi crimele lui.

Din punct de vedere juridic, Enoiu a murit inocent, în timp ce victimele lui au fost nevoite să se zbată ani de zile pentru a li se anula condamnările pronunţate pe baza declaraţiilor smulse sub tortură. Enoiu a murit la adăpost de griji materiale, în timp ce victimele lui, care încearcă să obţină despăgubirile promise de legea 221/2009, fac coadă la tribunale, unde li se spune că pretenţiile lor sînt „neîntemeiate".

La înmormîntarea lui Enoiu au participat „cîţiva oficiali de rang înalt [...] foşti şi actuali oameni din sistem", dar nimeni nu pare că ar dori să afle cine sînt ticăloşii care au ţinut să se reculeagă la mormîntul torţionarului-şef. În ce cred cu adevărat aceşti indivizi care, poate, cu alte ocazii, ţin discursuri despre democraţie?

Moartea lui Enoiu – ca şi moartea lui Nicolski, a lui Drăghici, a lui Vasile Ciolpan, a lui Pleşiţă, cu toţii nevinovaţi în faţa justiţiei – este simbolul tragic al României de azi, neputincioasă în faţa răului şi, deci, făcîndu-se că nu-l bagă în seamă. Într-o ţară în care criminalii mor la fel de senini ca inocenţii, aerul, chiar dacă ne forţăm să-i atribuim inegalate virtuţi mioritice, rămîne irespirabil.

Uitare, fanatism, absurd…

Românii sînt un popor fără memorie, iar această *tară* – cum altfel i-am putea spune? – se află la originea multora dintre nenorocirile care se abat asupra lor. Mai mult: ei refuză memoria, îndărătnicindu-se să creadă că trecutul poate fi mereu replămădit în funcţie de capriciile şi de fantasmele prezentului. Românii devin astfel un popor orwellian în toată accepţia tragică, înăbuşitoare a cuvîntului, iar România apare ca singurul loc din lume în care trecutul e doar o consecinţă discutabilă a prezentului.

De-a lungul zilelor din urmă, cînd agonia şi moartea lui Adrian Păunescu au fost isteric mediatizate, mi-am amintit fără încetare secvenţele din decembrie 1989, reluate, ca un simbol al dorinţei de eliberare a mulţimii, pe ecranele tuturor televiziunilor din lume: hă ituit de manifestanţi, acelaşi Adrian Păunescu se agăţa patetic de gardul Ambasadei Statelor Unite, încercînd să obţină protecţie americană. Cei care-i vroiau capul erau − cel puţin aşa ni se spune de 20 de ani încoace − reprezentaţii poporului, iar cel care ar fi vrut să poată trece printre zăbrele era − cel puţin aşa ni se spunea atunci − una dintre întruchipările regimului ce trebuia să dispară.

E oare posibil ca poporul care, atunci, ar fi vrut să-l linşeze să plîngă, acum, la moartea lui, cu lacrimi amare şi să ceară pentru el o zi de doliu naţional? Da, e posibil. Pentru că în România totul e posibil.

În România anilor '50, a fost posibil ca sinistrul impostor A. Toma, ale cărui „poezii" imbecile au otrăvit multe spirite, să fie declarat mai mare decît Eminescu. A venit apoi vremea cînd vîndutul Mihai Beniuc a devenit şi el mai mare decît Eminescu. Vor mai fi fost şi alţii în acele vremuri tulburi. Acum, e rîndul lui Păunescu, cel scăpat de la lapidare, să devină mai mare decît Eminescu. Dacă vom continua astfel, generaţiile viitoare vor ajunge să creadă că, în cultura română, Eminescu nu e decît o mediocră unitate de măsură sortită să fie mereu depăşită de alţii.

Poet *cantitativ* prin excelenţă, protestatar cu voie (ca mulţi alţii, de fapt), Adrian Păunescu a fost, înainte de toate, un mare manipulator de mase, din specia celor pe care numai regimul nazist şi cel comunist au ştiut să-i producă. Cînd televiziunea a transmis primul cenaclu Flacăra, cu mii şi mii de oameni urlînd fanatizaţi pe un stadion, tatăl meu mi-a spus, îngrozit: „Parcă e o celebrare legionară!" Dar, tot atît de bine, ar fi putut să fie o sărbătoare nord-coreană. Dincolo de cîteva artificii ieftine care făceau ca aceste manifestaţii să pară un spaţiu de defulare şi de libertate, ele erau o formidabilă operaţiune de propagandă oficială şi de insidioasă îndoctrinare – adevărată instituţie a statului comunist, asupra căreia domnea cel în amintirea căruia s-a cerut, săptămîna trecută, o zi de doliu naţional.

În 1990, Adrian Păunescu îl jelea pe Ceauşescu: „L-au omorît pe ăl bătrîn!" Şaisprezece ani mai tîrziu, Traian Băsescu organiza spectacolul condamnării comunismului pe baza „Raportului Final" în care Adrian Păunescu apărea ca un pur şi nociv produs al regimului Ceauşescu. Pe 4 noiembrie [2010], Traian Băsescu declara la televiziune – fără să producă mai mult decît cîteva reacţii de indignare! – că primii zece ani de guvernare Ceauşescu au fost ani mari în istoria românilor, iar a doua zi se ducea să se încline la catafalcul celui care l-a slujit cu credinţă pe dictator.

Cum poate un preşedinte *normal* să salute memoria unui om pe care el însuşi l-a condamnat implicit în cadrul unei ceremonii din care îşi trage întreaga glorie? Poate, pentru că în România, unde absurdul a fost ridicat la rang de sistem coerent, totul e posibil.

Neruşinarea de a fi în opoziţie
şi alte fleacuri portocalii

Din monotonul univers al dlui Mircea Mihaieş – populat exclusiv de băsescofili şi „resentimentari" – răbufnesc din cînd în cînd idei (?) de o surprinzătoare absurditate, care ar încînta fără îndoială pe orice suprarealist adevărat.

Iată, de pildă, ce scrie ilustrul politolog în ultima sa cronică:

„Mandatul electoratului e întotdeauna activ, presupunînd speranţa ajungerii la guvernare. Tocmai din acest motiv, ambiţia lui Crin Antonescu de a rămîne în opoziţie e semnul nu doar al neruşinării în raport cu cei care i-au girat candidatura, ci şi al sfidării semnificaţiei democratice a alegerilor. Altminteri, am admite că există două tipuri de voturi: unul care te trimite la guvernare, altul care te ţine în opoziţie!"

Aşadar, a rămîne în opoziţie e o neruşinare. Sau, altfel spus, dacă PNL s-ar alia mîine cu partidul prezidenţial, Crin Antonescu n-ar mai fi un neruşinat, ci un personaj frecvantabil (din punctul de vedere al dlui Mihăieş, se-nţelege). Dar dacă mîine ar avea loc alegeri şi dacă **PDL** n-ar cîştiga decît 20%, ar fi o neruşinare să treacă în opoziţie? Nu, desigur: ar fi un act de bun simţ, dacă nu chiar de eroism. Aşa gîndesc Cotrocenii şi aşa scrie dl Mihăieş.

Totodată, a rămîne în opoziţie e o sfidare a „semnificaţiei democratice a alegerilor". Cum adică? Alegerile nu sînt democratice decît dacă ajunge la putere coaliţia pe care o vrea dl Mihăieş?

În ce priveşte cele două tipuri de voturi, oricît de ciudat i s-ar părea dlui Mihăieş, ele chiar aşa sînt: unul te trimite la guvernare şi altul te trimite în opoziţie. Dar poate că la Cotroceni, printre alte reforme, se pregăteşte şi cea a voturilor, transformate într-o învălmăşală informă din care mai-marii portocalii ai gîndirii politice să poată extrage combinaţiile care le convin.

Într-o ţară normală, un om deţinînd funcţia oficială a dlui Mihăieş n-ar avea dreptul să practice (nici măcar în formă abracadabrantă) militantismul partinic în gazete. Dar, pe de altă parte, într-o ţară normală, dlui Mihăieş nu i-ar încredinţa nimeni vreo funcţie oficială şi nici n-ar fi lăsat să-şi publice, săptămînă după săptămînă, obsesiile politice.În România, însă, lucrurile stau altfel. În România, pentru mult prea mulţi, începînd cu şeful statului, taman dl Mihăieş e luat, împreună cu alţi cîţiva, drept etalon al normalităţii − şi asta ajunge pentru a omorî orice speranţă.

Mizeria tăcerii

Se povestea demult că, într-o zi de Bobotează, preotul din satul Mărţişor a venit la Tudor Arghezi cu aghiasma şi busuiocul spre a-i sfinţi casa. După ce a trecut prin toate încăperile, omul bisericii s-a apropiat de poet şi l-a întrebat: „Domnule Arghezi, Dumneavoastră sînteţi un om citit, aţi văzut multe, aţi fost şi călugar, ce credeţi, oare o fi existînd Dumnezeu?" Arghezi l-a privit o clipă, apoi l-a întrebat la rîndul său: „Părinte, de ce nu te-ai făcut Dumneata căcănar?"

De-a lungul ultimilor ani, m-a uimit de multe ori gîndul că acel popă neisprăvit a putut să lase în urma lui atîţi prozeliţi.

Acum, iată, au trecut trei săptămîni de cînd mă tot întreb de ce oare „deştepţii lui Băsescu" s-au apucat să tacă îndărătnic tocmai din ziua cînd idolul lor şi-a mărturisit admiraţia pentru primii zece ani de domnie ai lui Ceauşescu. De ce?! Pentru că, asemeni popii din satul lui Arghezi, şi-au travestit vocaţia de căcănari.

Problema

După alegerile prezidenţiale de anul trecut [din 2009], ne-am fi putut aştepta, din partea partidelor de opoziţie, la un viraj tactic semnificativ. Ori, din acest punct de vedere, nu s-a întîmplat nimic. Lucrurile au continuat ca înainte, iar acţiunile opoziţiei dau impresia că ea se crede încă în campanie electorală împotriva lui Traian Băsescu şi că se pregăteşte să-l înfrunte într-o alegere la care, în fond, acesta nu mai poate participa.

Băsescu este, fără îndoială, o problemă şi acţiunile lui nocive trebuiesc combătute, cu toate că, dată fiind structura instituţională a României şi configuraţia actuală a Parlamentului, victoria e mai degrabă ipotetică. Adevărata problemă, însă, care ar trebui să preocupe în clipa de faţă partidele de opoziţie este cea a electoratului care l-a adus la putere pe Băsescu. Pentru că, dacă preşedintele e trecător, fidelii lui, cei pe care i-a cîştigat cu idei aproximative şi lozinci zgomotoase, vor vota încă multă vreme de acum încolo şi o vor face într-o stare de spirit care nu e cîtuşi de puţin favorabilă opoziţiei.

A face în continuare din Băsescu o obsesie devoratoare de energii şi de timp, a-l considera încă drept ţinta principală a activităţii opoziţiei este o mare greşeală. Electoratul lui, însă, ar trebui să ocupe o mare parte din atenţia liberalilor şi a social-democraţilor. Şi, evident, nu o atenţie agresivă! Cei care l-au votat pe Băsescu şi nu-l vor mai putea vota a treia oară (fie-ne, cel puţin, îngăduit să sperăm că nu se vor petrece răsturnări constituţionale majore), reprezintă o masă electorală considerabilă care, înainte de viitoarele alegeri, se va afla într-o firească stare de dezorientare. Cel care, din 2004, a concentrat între mîinile lui puterea, cel în mandatele căruia s-au pus multe speranţe (şi nu contează că ele au fost înşelate), nu se va mai afla printre candidaţi.

Atragerea acestor alegători ar trebui să înceapă încă de pe acum şi ea ar trebui să fie prima preocupare a partidelor de opoziţie. Pentru că nu se ştie ce soluţie de înlocuire va propune Băsescu, ce succesiune îndoielnică îşi va asigura. Lor trebuie să li se ofere soluţii viabile, inteligente, un proiect coerent, tocmai pentru a nu-i lăsa pradă viitoarelor tehnici de marketing politic ale preşedintelui. Deocamdată, însă, nu se face nimic în acest sens şi fiecare zi care trece astfel înseamnă o şansă în minus pentru alegerile care urmează.

Tablă de materii